Oliver Kirner/Katja Macor

Frankreichimmobilien

Informationen und Praxiswissen für Käufer, Besitzer und Verkäufer von Frankreichimmobilien

Titelfoto: Antony Warmbold/pixabay.com
Satz: MetaLexis, Niedernhausen
Druck und Verarbeitung: Jungbluth Digital + Print, Freiburg

ISBN: 9783980525220

Inhaltsverzeichnis

Vorwort

Frankreich bleibt einer der reizvollsten Standorte für ein eigenes Feriendomizil, welches gleichzeitig trotz widriger weltgesundheitlicher Lage eine stabile Vermögensanlage darstellt.

Das vorliegende Werk „Frankreichimmobilien“ gibt Tipps für den Kauf und Verkauf einer französischen Immobilie und beleuchtet ihre geographischen, technischen, fiskalischen und juristischen Bedingungen.

Der Ratgeber gliedert sich in einen praktischen und einen rechtlichen Teil.

Für weitere Unterstützung bei Kauf, Verkauf und Besitz stehe ich Ihnen als Rechtsanwältin auch bei der Deutsche Schutzvereinigung Auslandsimmobilien e. V. (www.dsa-ev.de) gern mit juristischem Fachwissen zur Verfügung. Für einen Einstieg in die Materie können wir die Teilnahme an unserem Webinar „Immobilienkauf in Frankreich“ empfehlen.

Wir wünschen viel Spaß bei der Lektüre und stehen für Rückfragen, Kritik und Anregungen gerne zur Verfügung.

Freiburg, Ende Januar 2022
Katja Macor, Rechtsanwältin, Freiburg
Oliver Kirner, *Agent Immobilier,* Frankreich

Oliver Kirner und Katja Macor

I. Beliebte Landschaften

1. Genießer oder Pionier, welcher Käufertyp sind Sie?

In welcher der Landschaften Frankreichs werden Sie sich zu Hause fühlen? Legen Sie lieber die Füße oder krempeln Sie eher die Ärmel hoch? Welcher Käufertyp sind Sie? Genießer, Unternehmer, Naturfreund oder Pionier?

Praxis-Tipp:

Informationen über die Preise aller Regionen und wichtigen Städte finden Sie unter:
http://www.meilleursagents.com
http://www.immobilier.notaires.fr
http://www.seloger.com
http://www.regions-et-departements.fr

Der mondäne Bonvivant orientiert sich nach der CÔTE D'AZUR. Die beginnt westlich von CANNES und endet in MENTON. Nur hier finden Sie das berühmte Mikroklima.

Mit Ausnahme von ARCACHON, BIARRITZ und DEAUVILLE kommt die Atlantikküste nicht an die Eleganz der Riviera heran. Und aufgrund ihres internationalen Rufs wird die Côte immer ein begehrter Markt bleiben.

An der provenzalischen Küste Richtung ST.TROPEZ arbeitet eine große Anzahl professioneller *Agents Immobiliers.* Hier finden Sie exklusive, zweisprachige Dienstleistungen. Auch können Sie eine intensive Nachbetreuung erwarten. Gute Makler vermitteln Ihnen Hilfskräfte, melden Ihre Autos um und erledigen Behördengänge. Manche helfen sogar bei der Kreditvermittlung.

Allerdings ist das Klima ausgeprägter, die Winter sind kälter, die Sommer heißer, dazwischen ein wenig Mistral und somit eher geeignet für Sommerurlauber.

Wenn Sie überhaupt auf die Geschäftigkeit der Küste verzichten, kommt das Hinterland, *l'Arrière Pays,* in Frage. In den ALPES NIÇOISES, der Haute-Provence, Maures und Esterel herrschen oft noch Ruhe und Natur. Preisniveau und Einbruchsgefahr sinken gegenüber der Küste. Andererseits gefährden Waldbrände die verstreuten Behausungen.

Pioniergeist müssen Sie in die Auvergne mitbringen, hier können Ihnen oft nicht einmal Makler helfen. Im Department Cantal, mit 5.700 Quadratkilometern mehr als doppelt so groß wie das Saarland, arbeiten insgesamt nur eine Handvoll *FNAIM*-Makler. Deshalb springen die örtlichen Notare in die Lücke, um nebenberuflich zu vermitteln. Seien Sie auf menschenleere, bewaldete Vulkanlandschaften und rüdes Klima gefasst und lenken Sie Ihre Suche auf wuchtige Dorfhäuser aus Basalt und Granit mit 1.000 Quadratmeter Garten, beworben mit dem Spruch *„en plein far-west"* ...

Sind Sie aktiver Unternehmer oder Berufstätiger? Verfolgen Sie das Ziel, jetzt zu kaufen, das Objekt nach eigenen Wünschen auszugestalten, um es dann in den nächsten Jahren immer öfter zu nutzen, die Pendelfrequenz zu erhöhen und nach einigen Jahren ganz davon zu profitieren?

Abgeschiedene, ländliche oder von der Landflucht betroffene Gebiete fallen aus. Sie brauchen Infrastruktur, internationale Flughäfen und ein ordentliches Kulturangebot. Drei Großstädte kommen in Frage: Montpellier, Bordeaux und Toulouse.

Daneben gibt es einige mittlere Städte, die von Billigfliegern erschlossen werden: Limoges, Bergerac, Pau, Rodez, Carcassonne und Perpignan. Bei 30 bis 50 € für das Flugticket kann aus dem Ferienhaus durchaus ein Nebenwohnsitz werden.

Sofern Sie keinen Wert auf südliches Klima legen, dafür lieber Deutsch reden, empfiehlt sich Ihnen die lothringische Mosel. Beruflich Aktive schätzen die gute Erreichbarkeit von Saarbrücken, Karlsruhe und Straßburg. Das südliche Elsass zwischen Mulhouse und Belfort liegt im Einflussbereich Basels und seiner kaufkräftigen Klientel. Die Preise haben allerdings in Grenznähe schweizer Niveau.

Dem frankophilen Totalaussteiger bleibt zusätzlich die Wahl der Inseln: Korsika, die karibischen Guadeloupe und Martinique und der wohl schönsten Überseebesitzung, Réunion im indischen Ozean. In diesen „ultraperipheren EU-Regionen" können Sie mit Euro bezahlen und den Brüsseler Subventionstopf für Ihre Ziegenzucht im Urwald anzapfen. Flüge aus Frankreich sind Inlandsflüge. *Vive l'Europe!*

2. Provence und provenzalische Küste

Ein Immobilienschnäppchen in der Provence? Kaum noch möglich. Nach den Briten kamen die Deutschen, Holländer und Skandinavier. Noch stärker traten zuletzt aufgrund der stark verbesserten Verkehrsbedingungen wohlhabende Städter aus Marseille, Aix und Avignon in Erscheinung, die wohl die letzten Perlen ausfindig machten.

Heißestes Begehren aller Provenceliebhaber: die legendären *mas*, typische Bauernhäuser mit bunt verkalkten Steinmauern, kleinen Fenstern und flachen Dächern aus Kanalziegeln. Charmant-einfach mit großen Gärten und einer schützenden Baumhecke an der Nordseite, um den Mistral abzufangen, dienten sie den Oliven- und Lavendelbauern und deren Ziegen als Behausung.

Trotz des dünnen und teuren Immobilienangebotes bleibt die Provence eine gute Wahl. Klima, Luft, Duft, Licht und Farben sind einzigartig. Die schönsten und teuersten Werke der Impressionisten wurden hier gemalt, die größten Parfumeure stammen von hier. Observatorien und Wetterwarten schätzen den klaren Himmel. Asthmaleidende dürfen auf Rezept kuren. Gartenliebhaber aus aller Welt zaubern mit Pflanzen, vor allem in küstennahen Lagen. Alles gedeiht. Und von Zeit zu Zeit, wenn die duftschwangere Luft zu schwer wird, erfrischt der Mistral die ganze Szenerie und sorgt mit einer kühlen Brise für neue Klarheit.

Vorsicht: verwechseln Sie nicht Provence mit *province*. Pariser bezeichnen etwas hochmütig das gesamte Frankreich mit Ausnahme von Paris als Provinz, *province*. Drei Hauptzonen gliedern die Provence: Rhônetal, Berge und Küste.

Provence Rhodanienne, das Rhônetal

Durch die Provence Rhodanienne verlaufen die Verkehrsstränge nach Süden und durchqueren den Tricastin, einen kleinen Kanton an der Grenze zur Drôme und danach die Vaucluseebene mit den Städten Orange, Châteauneuf, Avignon und Tarascon.

Durch Orange pfeift der Mistral an 100 Tagen jährlich. Das bourgeoise Avignon bietet spannende Gegensätze: als alte Papststadt ein historisch-architektonisches Erbe von Weltruhm, hohe Hotel- und Restaurantpreise, immer noch jährlich ab Anfang Juli ein ziemlich aufregendes Theaterfestival, das auch auf die Straßen übergreift und die Stadt in eine mystische Atmosphäre taucht.

Die Crau, ehemals eine vom Mistral ausgedörrte Wüste zwischen Arles und Salon, wurde durch Bewässerungsmaßnahmen landwirtschaftlich intensiviert. Die Obst- und Gemüsebauern dort zeigen, wie man sich vor dem Wind schützt: Oft dreizeilige Hecken mit hohen Pappeln und Zypressen vermindern die Windgeschwindigkeit um 80 %.

Obwohl von der sich südlich anschließenden Camargue aus 95 % des französischen Reiskonsums gedeckt werden, blieb diesem Naturpark eine flächendeckende Agrarnutzung erspart. Im Schutzgebiet für Wildpferde und Vögel stehen überall versteckt dorfartige Häusergruppen, die *hameaux*, mit dem einen oder anderen zum Verkauf stehenden *mas*.

Provence Intérieure – die Bergregionen

In der Ebene wird Geld verdient, die charakteristische Provence jedoch finden Sie in der Höhe, nämlich in einem der Gebirge der Provence Intérieure. Das Relief dieser Berge folgt immer demselben Schema: Die Kämme verlaufen in Ost-West-Richtung. Die Nordflanken sind steil, feucht und dem Mistral ausgesetzt. Die Südflanken fallen sanft ab, in Höhenlagen bestimmen Buchenwälder die Vegetation, gefolgt von der *garrigue*, die bei Immobilienverkäufen oft hektarweise mitgeht und wo Geißklee, Stechginster, Wacholder, Zypressen und die niedrigen, immergrünen Eichen (quercus ilex) das Bild beherrschen und einen grünen Hintergrund für bunte Mittelmeergärten abgeben können. Darunter befinden sich dann die Anbaugebiete für Oliven, Mandeln und Lavendel.

Ganz im Norden überragt der Mont Ventoux die Region und gibt bei klarem Wetter die Sicht bis nach Spanien und Italien frei. Immobilien am Nordhang quotieren entsprechend billiger. Die Höhenlagen sind rüde, auch im Sommer frisch, der Mistral-Geschwindigkeitsrekord steht bei 270 km/h.

Die küstennah gelegenen Gebirgsketten Etoile, St. Baume, Maures und Esterel sind wie der Lubéron preislich ebenfalls hoch angesiedelt. Während die beiden ersten zum Einzugsgebiet der Schwesterstädte Aix-Marseille gehören, sind Maures und Esterel direkter Hinterland der Côte.

Das provenzalische Klima in diesen Berglagen birgt allerdings auch Gefahren: Großfeuer zerstören jährlich zehntausende Hektar Wald, zu achten ist deshalb bei Hauskäufen in isolierten Lagen auf Feuerschneisen. Da immer mehr einzelne Höfe und abgeschiedene Siedlungen bewohnt werden, gestaltet sich ein wirksamer Schutz bei Flächenbränden für die Feuerwehren schwierig. Das Risiko wird mit der zunehmenden Versteppung der Wälder und der Abschaffung der reinigenden Schafs- und Ziegenherden nur größer. Ausloten sollten Sie auch die Wassersituation: die immer knapperen Vorkommen werden von Gemeinden und den privaten Versorgungsanstalten verteuert und bei langanhaltenden Trockenperioden kontingentiert. Günstig sind eigene Quellen oder Brunnen. Grünrasen erfordert in der Provence alle fünf Tage Beregnungsgaben von 25 Liter pro Quadratmeter.

Die Provence Méditerranéenne – die Küste

Die südlichste Zone der Region, die provenzalische Küste, erstreckt sich von der Camargue bis Marseille, über die Calanques bis nach Toulon und von dort nach St.Tropez. Der Ruhm von *St.Trop'* färbte auf die ganze Bucht ab.

Marseille ist als größte Hafenstadt Frankreichs Handels- und Industriemetropole. Im Zuge der Ernennung zur Kulturhauptstadt 2013 wurde Marseille insbesondere am Hafen „runderneuert", zahlreiche moderne Museen wurden gebaut und das einmalige, lebendige Flair am *Vieux Port* entstand. Auch nicht zu verachten: an 300 Tagen im Jahr scheint in Marseille die Sonne.

Im benachbarten Toulon liegt die französische Marine. Empfehlenswert hier ist Le Mourillon, ein hübsches, meernahes und von einfachen Leuten bewohntes Viertel.

Eine Welt für sich ist der Etang de Berre: Viele hier liegende, kleine Ortschaften haben scheinbar ihre Identität bewahrt. Die braungebrannten, schwarzhaarigen Männer tragen Baskenmützen und frönen, *Gitane Maïs* rauchend, dem provenzalischen Volkssport *pétanque*. Sie ignorieren die auf dem ehemals fischreichen und inzwischen völlig leblosen Binnensee *Berre* vorbeigleitenden Supertanker, die eine der vier ansässigen Großraffinerien beliefern. Der *accent*, auditives Erkennungsmerkmal der Einheimischen, geht unter im Lärm des Verkehrsflughafens Aix-Marseille, der sich ebenfalls hier in der Seengegend befindet und der vielen Autobahnen, Schnellstraßen und Zugstrecken. Abends, wenn das Tagesgetränk *Pastis* (verdünnt natürlich) dem *rouge* weicht, sorgen die Fackeln der Petrochemie-Schornsteine von *Fos-sur-Mer* für entsprechende Ambiance. Auf dem Menü: *Bouillabaise* mit Fischen vom Atlantik.

3. Elsass

Woran liegt's, dass der Elsässer auf Französisch antwortet, wenn Sie ihn auf Deutsch nach dem Weg fragen und auf Alemannisch, sobald Sie's auf Französisch versuchen?

D'r Elsasser hàt's güet, vu hüwe un drüwe hàt'rs beschti gnumma.

Die Milchstraße in Michelins Sternenhimmel liegt im Elsass; wichtige Gastronomen befrachten täglich einen eigenen LKW in Rungis und beziehen *s'Schwina-Haxala* vom Bauer nebenan. Das elsässische Menü kennt so viele Gänge wie das französische, aber die Portionen sind deutsch. *Nouvelle cuisine*, aber deftig! Wie der Münsterkäse: französische Raffinesse und deutsche Wucht machen ihn unbarmherzig penetrant.

In der Vorvogesenlandschaft herrscht ein anderer Typus ländlicher Immobilien vor: das Winzerhaus mit bis zu fünf Hektar Land. Machen Sie sich nicht zu große Hoffnungen, die Raumplanungsbehörde der Land- und Weinwirte setzt fast immer einen Vorkauf durch. Die Häuser stehen getrennt von den Anbauflächen in den dicht bebauten und befestigten Haufendörfern. Beiliegende Grundstücke haben Vorgartengröße, Originalbauten sind aus Fachwerk mit Bruchsandstein und Tannendachstuhl.

Die Ebene unterscheidet von Norden nach Süden sechs Siedlungszonen. Über die Hälfte aller Deutschen und Schweizer Übersiedler wohnt hier, die meisten sind Pendler und profitieren von der Grenznähe.

Ganz im Norden: L'Outre-Forêt, zwischen Pfalz und Hagenauer Forst mit reizvollen Lagen am Rand des Nordvogesenparks. Einzugsgebiet von Karlsruhe und Baden-Baden mit deutschen Ballungszonen in Weißenburg und Lembach und einem regen Grundstücksmarkt. Darunter liegen zwei ausgesprochen ländliche Kreise, das Hanauer Land, mit Ingwiller als Zentrum und der Autobahn Straßburg-Paris als südliche Grenze und der sich anschließende Kochersberg, westlich von Straßburg. Gut erschlossen von der Metropole aus treffen die Landimmobilien hier auf reges Interesse der Straßburger Pendler.

Das Ried zwischen Straßburg und Colmar entspricht den ehemaligen Sumpfgebieten des Elsass. In den langgezogenen Dörfern reizt keine bemerkenswerte Architektur. Deutsche Übersiedler konzentrieren sich in Neu-Breisach, direkt an der Grenze zum deutschen Breisach, und Umgebung.

Der Sundgau schließlich, zwischen Colmar, Basel und dem Jura, ist Schweizer Einzugsgebiet und insofern dem sehr hohen Basler Preisniveau für Immobilien ausgesetzt. Preiswerter wird es dann erst wieder in der

Umgebung von BELFORT, das vor 1870 zum Elsass gehörte und dann von Bismarck aus strategischen Gründen abgetrennt und den Franzosen überlassen wurde. Als Freund herrschaftlicher Anwesen treffen Sie hier auf ein breites Angebot. Auf die Gewissensfrage, die Sie sich als Besucher stellen, „Wie soll ich diesen Belforter nur anreden?", gibt es allerdings nur eine Antwort: auf Französisch, der deutschen Sprache sind die Belforter nicht mehr mächtig.

4. Midi – Land der Mitte

Es stimmt leider: alle französischen Provinzen leiden an Minderwertigkeitskomplexen gegenüber dem allmächtigen PARIS! Alle, bis auf den MIDI. Trotzig (von der Eroberung durch den Norden im 13. Jahrhundert hat sich das Land wohl nie erholt), selbstbewusst und unbekümmert führen die Okzitanier ein vielbeneidetes Leben zwischen Zentralmassiv und Pyrenäen, Mittelmeer und Atlantik. Acht Departments von der Fläche Hollands mit 48 grundverschiedenen Landstrichen, den *petits pays* und der flotten Hauptstadt TOULOUSE, das ist MIDI-PYRÉNÉES. PARIS wird allenfalls mal zum Thema, wenn der französische Staatspräsident zum alljährlichen Rugby-Endspiel ins *Stade de France* einlädt. Dann überfluten die Südfranzosen die Hauptstadt, denn der rüde Sport hat im MIDI mehr Anhänger als Fußball und meist kommen beide Finalisten von hier. Vielfältig wie die Rugbymannschaft, in der blumenkohlohrige, drei Zentner schwere Abwehrkolosse mit leichtfüßigen Außenstürmern zusammenspielen, stellt sich die Region dar – ihre landschaftlichen Kontraste sind enorm.

Die Nord-Süd-Achse wird maßgeblich vom Relief bestimmt: zerklüftete Schluchten mit den Quelläufen der großen Flüsse im südlichen Zentralmassiv (*Les Pays des GORGES*); karge Hochplateaus, gerade gut als Weideland für Ziegen (*Les Pays des CAUSSES*); weite Waldgebiete in den kaum bekannten Mittelgebirgen LACAUNE, SIDOBRE und MONTAGNE NOIRE; sanft hügelige Kulturlandschaften in GASCOGNE und VOLVESTRE; hitzestauende Tiefebene im Garonnetal; Vorgebirge mit 800.000 Hektar Laubwald (*Pays de COUSERANS*); Bergkulisse mit alpinen Skiressorts und ewiges Eis in den Hochpyrenäen.

In Ost-West-Richtung beeinflusst das Klima die Landschaft mehr als das Relief. Je nach Nähe zu Mittelmeer oder Atlantik und Einflussbereich der jeweiligen Winde (aus dem Osten der *Vent d'Autan*, scharf und trocken

– vom Ozean der *Vent de Sers*, mild und regenreich) herrscht mediterranes, kontinentales oder atlantisches Klima. Aus 20 Frosttagen jährlich in Carcassonne, der östlichen Vorstadt des Midi, werden 40 in Toulouse und dann wieder 20 im äußersten Westen der Region.

Auffallen werden Ihnen diese Landschafts- und Klimaunterschiede bei der Ost-West-Durchquerung mit dem Zug oder dem Auto auf der *Autoroute des Deux Mers* von Narbonne über Toulouse nach Bordeaux oder der futuristisch anmutenden A64 von Toulouse über Biarritz ins spanische San Sebastian. Die Schnellzugstrecke verläuft von Marseille nach Bordeaux. Wenn Sie mehr Zeit haben, durchschippern Sie das Land in gleicher Richtung auf dem nostalgischen *Canal du Midi*, an dem vor Ende des 17. Jahrhunderts 12.000 Menschen 14 Jahre lang schufteten. Oder Sie nehmen den berühmten GR 10, den Pyrenäen-Weitwanderweg von Meer zu Meer, den es in abgewandelter Form auch für Bergsteiger, Reiter, Biker, Angler und Skilangläufer gibt. Sie stellen jedenfalls fest, die Transportwege der Region verlaufen entlang dieser Achse, Sie können viel einfacher von Ost nach West als von Nord nach Süd reisen.

Bis auf Küstendomizile finden Sie im Midi für jeden Geschmack und Geldbeutel die passende Immobilie. Aber selbst wenn Sie ans Meer wollen und sich nicht zwischen Ozean und Mittelmeer entscheiden können, empfiehlt sich die Region. Von Toulouse fahren Sie in weniger als zwei Stunden zu den jeweiligen Küsten.

Die Grenzen des heutigen Departments Gers entsprechen in etwa denen der alten Provinz Gascogne. Das Relief der Gegend ähnelt einem Fächer, von dessen Ursprung, dem Hochplateau Lannemezan, ein gutes Dutzend Flüsse die Provinz in Süd-Nord-Richtung wie Adern zerschneiden, um in die Garonne zu münden. So entstehen langgezogene Täler mit dazugehörigen Bergrücken. Deren Westhänge sind kalten Atlantikwinden ausgesetzt. Rheumabeschwerden werden hier nicht besser. Die östlichen Hänge gelten als milder und fruchtbarer. Obsthaine und kleine Wälder erscheinen wie Elemente eines großangelegten Parks. Allerdings dringt noch ein letzter Hauch des berüchtigten *Vent d'Autan*, den die Toulouser den *Vent des Fous* (Wind der Irren) nennen, vom Mittelmeer heran. Dann heulen die Hunde, Büromaschinen fallen aus und sensible Mitbürger werden nervös – sagt man jedenfalls. Halten die Meeresbrisen still, bläst zur Abwechslung ein kühler Föhn aus den Pyrenäen die Täler hinunter.

Völlig klar, die Gegend ist nichts für sonnenstudioverwohnte Strahlemänner. Eher schon was für ganze Kerls vom Schlage d'Artagnans, dem berühmtesten Sohn der GASCOGNE. Die Familie des Musketiers besaß, ebenso wie einige hundert andere Adlige im ehemaligen Herzogtum, ein eigenes Lehen. Dank des liberalen Lehnswesens konnte übrigens im Mittelalter eine große Anzahl von Schlössern und *manoirs* entstehen, Ausgangslage für das breite Angebot in diesem Segment heute.

Der GERS gilt mit der westlich von PARIS gelegenen BEAUCE als Getreidekammer Frankreichs. In der Tat eignen sich weite Landstriche hervorragend für eine intensive Nutzung. Ein sanft hügeliges, die mechanische Bearbeitung aber erlaubendes Relief begünstigt die Anlage von Rückhaltebecken für die künstliche Bewässerung.

Die im MIDI verwendeten Baumaterialien unterliegen den jeweiligen natürlichen Vorkommen. Je näher Sie nach TOULOUSE kommen, desto häufiger findet der ockerfarbene Ziegelstein Verwendung im Altbau. Umso seltener werden allerdings auch Wälder, die der Herstellung dieses Backsteines zum Opfer fielen. Die alternativ verarbeiteten ungebrannten Ziegel aus Lehm waren keine Erfindung von Ökobauern, sondern eine Verlegenheitslösung aus Holzmangel. An der Westseite des Hauses erodieren diese nicht selten. Natursteine kommen in Form von gelbgrauem Kalkstein vor, der leider oft zersplittert. Die grau-blauen Pyrenäen-Kiesel benötigen ein starkes Bindemittel, um im Mauerwerk zu halten. Die attraktiven Fachwerkhäuser im Westen des Departments, an der Grenze zu den LANDES, sollten Sie auf Fäulnis, Feuchtigkeit und Insekten untersuchen. Das Holzfachwerk besteht aus unbehandelter Pinie (ein Festschmaus für Termiten und anderen holzfressenden Insekten oder Pilzen), aufgefüllt mit getrocknetem, feuchtigkeitsempfindlichem Strohlehm.

Im kleinen Department LOT, das in etwa der alten Provinz QUERCY entspricht und gleich östlich des PÉRIGORD liegt, gibt es originelle Natursteinhöfe mit hübschen Details wie Schieferdächern, gemauerten Innenhöfen, Brotöfen und Ziehbrunnen, manchmal mit bis zu einem Hektar Grund in kleinen Haufendörfern.

Das Department LOT wurde nach dem malerischen Fluss benannt, der das südliche Zentralmassiv in Ost-West-Richtung durchquert.

Toulouse

Die Architektur der rosafarbenen Stadt, angefangen mit den Renaissancebauten der reichen Pastellhändler aus dem 15. Jahrhundert, besteht fast ausschließlich aus rotem Backstein. Das Ambiente spanisch, mit einem guten Schuss PARIS: Straßencafés, Brasserien, Taperias statt Döner Kebab, große Flanierboulevards, überfüllte Plätze – das Leben findet auf der Straße statt, und auch nach Mitternacht bleiben viele Stadtviertel belebt und deren Geschäfte geöffnet.

5. Languedoc und Roussillon

Am Golfe du Lion liegt Sète – das Venedig des Languedoc. Der Hafen von Sète befindet sich mitten in der Stadt und überall an den vielen Kais legen die Fischerboote und Thunfischkutter an. Sète gilt als großer Umschlagplatz, vor allem für Wein und Holz, und als wichtigster französischer Fischereihafen am Mittelmeer. Das Wahrzeichen der Stadt ist der 180 Meter über dem Meeresspiegel liegende Mont Saint Clair, der nachts von den vielen Villen erleuchtet ist. Sète liegt zwischen dem Mittelmeer und dem Binnensee Bassin de Thau, dessen Austernzüchter auf glasklares Wasser achten. Auf Meeresseite erstreckt sich ein 15 km langer schmaler Strandstreifen entlang des Bassins nach Süden. Hier weht seit Jahren die blaue Flagge, welche die EU für einwandfrei saubere Strände vergibt. Mit dem *„Pavillon Bleu“* wird eine nachhaltige Entwicklung von Küsten und Wasserqualität (Seen, Lagunen, Wasserläufe) ausgezeichnet und gefördert. Diese ökologische Auszeichnung wird für 10 Küstenregionen und 5 Landregionen vergeben. Insbesondere ist die Stadt Sète hervorzuheben, die für ihre sauberen Strände ausgezeichnet wurde. Im Einzelnen sind dies: *le Castellas, les 3 Digues, Plage du Lido, Plage de la Fontaine, Plage de la Baleine* und *le Lazaret.*

Den Spitznamen *Venise languedocien* führt die Stadt aufgrund der zahlreichen italienischen Einwanderer und wegen der vielen engen Kanäle, die unter Ludwig dem XIV. entstanden.

Der Käufer schätzt hier die zentrale Lage mit Geschäften, Hafen, Restaurants, Kinos und Theatern in Flussnähe.

Wer eine Stunde Entfernung zu Strand und Meer ertragen kann, orientiert sich von den Küstenregionen weg ins Landesinnere, z. B. Pézenas und ganz im Süden der Region das Städtchen Céret.

Zu den beliebten Städten in dieser Region gehören auch Nîmes, Montpellier und Perpignan. Die Uni-Stadt Montpellier gehört zu den attraktivsten Zielen, da die Anstrengungen im städtebaulichen und universitären Bereich sichtbar sind. Mehrere Stadtviertel im neoklassischen Stil, ein Binnenhafen und die juristische Fakultät sind mit den alten Einrichtungen zu einer Einheit zusammengewachsen.

St. Cyprien und benachbarte Küstenorte profitieren von der Nachfrage aus dem nur eine Stunde entfernten Toulouse.

Cap d'Agde ist ein über die Ländergrenzen hinweg bekannter Ferienort mit dem „Villages Naturistes" – einem vom übrigen Ort abgetrennten FKK-Feriendorf.

Wenn es Sie in die Berge zieht, sind Piemont und Pyrénées Orientales interessant. Fahrtzeiten von über einer Stunde bis zur Küste müssten in Kauf genommen werden. Die kleine Stadt Céret mit ihrem hervorragend bestückten Museum für moderne Kunst ist hier erwähnenswert. Auch die Gastronomie bietet bei akzeptablen Preisen mehr Auswahl als die Küste.

Im südlichsten Frankreich, zwischen den Dreitausendern der Hochpyrenäen und dem Mittelmeer, erstreckt sich die Côte Vermeille südlich von Perpignan bis zur spanischen Grenze: 40 km Felsenküste zwischen Argélès und Cerbères mit einigen kleinen antiken Schlupfhäfen, die der Nordeuropäer meist in den *calanques* an der provenzalischen Küste vermutet.

Hinter dem Hafen steigen gleich die ersten Weinberge an.

Angenehmstes Städtchen dieses Küstenstreifens ist Collioure: ein pittoresker, in der Antike und dem Mittelalter wichtiger Hafen, dessen Schönheit ganze Kommunen von Künstlern wie Dufy, Bracque und Picasso anlockte und wo heute zahlreiche neue Talente tätig sind. Natürlich überfüllt während der Hauptsaison, mit täglichen Veranstaltungen wie Corridas, Regatten, Folklore und Festen, bietet die Stadt eine ideale Basis für Urlaub und aktive Rentenzeit. Zudem schaffte sie es, ihren alten Charme zu retten, seitdem Umweltzerstörer es nicht mehr so einfach haben.

Als Investor sollten Sie auf Meersicht bestehen, denn vor allem solche Objekte werden rege nachgefragt.

6. Aquitanien

Für die Franzosen zählt diese Region schon seit jeher zu den bevorzugten Zielen innerhalb Frankreichs – ob als Urlaubsdomizil oder als Hauptwohnsitz. Auch Engländer, Belgier und Holländer hatten seit vielen Jahren die Vorteile der Region für sich entdeckt und gehörten in Aquitanien zu den besonders aktiven Käufern von Immobilien jeglicher Größe und Preislage. Übrigens schätzten schon unsere Vorfahren dieses Gebiet: vor rund 100.000 Jahren ließ sich der Neandertaler in den Höhlen des Vézère-Tals nieder. Bemalte Grotten aus der Frühzeit findet man beispielsweise rund um den Ort *Les Eyzies*. Etwas abseits davon liegt auch *Lascaux*, einer der berühmten bemalten steinzeitlichen Wohnstätten. Ein angenehmes, ausgeglichenes Klima mit vier Jahreszeiten, wobei der Winter sehr kurz und mild ausfällt, prägt die gesamte Region. Wo die besten und teuersten Weine der Welt wachsen – der berühmte Bordeaux sowie die Weine der angrenzenden Gebiete Bergerac, Monbazillac oder Cahors – muss das Klima einfach optimal sein. Aber nicht nur der Bordeaux macht die Region zu einem Paradies für Feinschmecker: andere kulinarische Köstlichkeiten wie Armagnac, Cognac, *Vieille prune*, Austern oder die in Frankreich unumstrittene *Foie Gras* stehen gleichbedeutend für Aquitanien.

Eine relativ geringe Bevölkerungsdichte gepaart mit großen Waldflächen, endlosen Weinbergen sowie abwechselnd flachen und hügeligen Landschaften prägen das Bild. Kaum ein anderes Gebiet Europas bietet eine solch große Anzahl an Flüssen und Seen sowie Traumstränden an der Küste des Atlantiks. Dort verteilen sich die Touristenströme auf einer Länge von mehreren hundert Kilometern.

Aber es sind nicht unbedingt das Meer oder der Strand, welche die Investoren anlocken. Ganz im Gegenteil: Es ist vielmehr das in allen Facetten schillernde Hinterland, welches zum Kauf motiviert. Hier gibt es Immobilien für jeden Geschmack: Vom kleinen romantischen Ferienhaus in unberührter Natur bis hin zum großen repräsentativen Schloss.

Die Autobahn Clermont-Ferrand – Perigueux – Bordeaux gilt als wichtige Querverbindung zwischen dem Osten und Westen Frankreichs.

Die Briten haben auch hier im Périgord Noir im Department Dordogne als erste die landschaftlichen und klimatischen Reize entdeckt und seit den siebziger Jahren heftig investiert. Sie kauften zu einer Zeit, als es noch unrenovierte Objekte billig gab und als das Pfund hoch stand. Mittlerweile sind viele der Immobilienverkäufer Engländer.

Weniger attraktiv für den Immobilienkäufer ist das Gebiet zwischen Bordeaux im Norden und Dax im Süden (westlich von Mont de Marsan), denn hier handelt es sich um den größten Wald Europas: Er reicht im Westen bis an die Sanddünen der Küste des Atlantik. Dieses Gebiet namens Les Landes eignet sich nur für Liebhaber extremer Ruhe und Einsamkeit, die Infrastruktur ist dünn.

7. Bretagne

Meer und Mystik ziehen immer mehr deutsche Urlauber und Immobilienkäufer in die Bretagne, die rund 1.000 km Anreise quer durchs Nachbarland in Kauf nehmen müssen.

Für den Bretonen hat die Region zwei Facetten: er spricht von *Armor*, der Küste und *Argoat*, dem Landesinnern. Die Unterschiede machen sich landschaftlich, wirtschaftlich und kulturell bemerkbar. Auch die Immobilienmärkte unterscheiden sich gänzlich voneinander, denn bis auf die Regionshauptstadt Rennes galt das Argoat als ein bislang kaum bedeutender Markt. Seit 1975 verzeichnen alle Landgemeinden einen reellen Bevölkerungsrückgang. Zahlreiche Landwirte gaben auf. Ein erster Aufschwung fand Mitte der achtziger Jahre statt, als sich britische Kundschaft für die landestypischen *penntis* mit ihren Strohdächern interessierte, die zweite Kaufwelle erfolgte Anfang des neuen Jahrtausends und kam erneut von den britischen Inseln. Diesmal investierten die Briten jedoch eher in Dorf- und Geschäftshäuser, wo sie heute Restaurants, Kneipen, Pensionen, Bäckereien, Architektur- oder Maklerbüros betreiben.

Seit 2008 wird jedoch ein starker Rückgang der Engländer verzeichnet. Nicht nur weniger britische Kaufinteressenten, auch viel weniger Touristen kamen über den Kanal.

Im Landesinnern gibt es größere Grundstücke als an der Küste. Die Ausnahme macht Rennes, das mit einer TGV-Distanz von zwei Stunden zum Einzugsgebiet von Paris gehört.

Alle anderen wichtigen bretonischen Städte liegen am Meer. Auf vierspurig ausgebauten Straßen ist eine Rundfahrt der Halbinsel möglich (die Bretagne bekam aus Paris eine außergewöhnliche Straßenerschließung verschrieben, 800 km gebührenfreie Autobahnen!). Die Rundfahrt beginnt im Norden mit St. Malo. Die Stadt wurde während des letzten Krieges zu 80 % zerstört, heute zeigt sie sich innerhalb ihrer Stadtmauern stilgetreu restauriert. Die seltenen Intramuros-Apartments erzielen Liebhaberpreise, da der vorhandene Platz nicht erweitert werden kann. Als weitere Städte sind Brest, Quimper und Lorient zu nennen. Auch letztere haben TGV-Anschluss und sind stärker industrialisiert.

Ökologen befürchten, dass die gleichen Fehler wie vor einigen Jahrzehnten am Mittelmeer begangen werden, und warnen vor der Betonierung der Küste. Die Bretonen bleiben aber ein keltisches Volk: westlich der Linie St. Brieuc bis Lorient sprechen noch mehr als 400.000 Menschen diese Sprache und immer mehr Kinder lernen sie wieder. Mystik und Irreales haben in dieser Kultur einen ebenso hohen Stellenwert wie die Wirklichkeit. Die Natur – Luft, Wasser, Steine, Wald – gehört zur bretonischen Identität. Beton reimt sich also nicht mit *breton*?

Mittlerweile ist der Tourismus eine wichtige Einkommensquelle. Nicht umsonst wurde das nach Eismeer klingende Department Côtes du Nord 1990 werbewirksam in Côtes d'Armor umbenannt. Die meisten Urlauber, auch gerade Deutsche und Schweizer, zieht es an die Küste.

Der typische Baustil auf den Inseln spiegelt das autonome und harte Leben der Bewohner wieder. Die Schafherden bleiben ganzjährig an der frischen Luft (sie werden lebend gesalzen, wie der Bretone gerne scherzt), es fehlt also die geräumige, ausbaubare *bergerie*, wie man sie im Süden Frankreichs sehr begehrt. Die Kieselmauern der winzigen Wohngebäude besitzen kein Fundament, Eck- und Umrandungssteine sind allerdings gesägt oder gehauen und werden regelmäßig mit Naturkalk abgesetzt. Der Holzmangel – es gibt keine Wälder – zwang zu vereinfachten Dachstühlen. Der Grundschnitt in West-Ost-Richtung orientiert sich an der Aufteilung in einem Boot. Den Kielen entsprechen die beiden Giebel, worin sich jeweils ein Kamin befindet. Die einzige Eingangstüre führt in einen Gang, der zwei identische Räume links und rechts und eine Treppe in den Speicher am Ende bedient. Alle möglichen Utensilien wurden in Wandschränken untergebracht. Auch heute bleibt der Kamin schließbar, um regionale Schmorgerichte *à la motte* zuzubereiten und den Wind draußen zu halten. Stürme mit Geschwindigkeiten bis zu 185 km/h gaben das Maß für kleine Öffnungen, hierin besteht auch das Hauptproblem bei Renovierungen heute. Meist müssen Fenster ins Schieferdach eingebaut werden, um die Räume lichter zu machen. Im Außenbereich setzt man Windschutzmauern aus Kieselsteinen. Wind und Wetter haben hier einen anderen Stellenwert als auf dem Festland. Einfacher und naturnäher lässt es sich kaum wohnen.

8. Normandie: Ruhe statt Sturm

Die ehemalige Provinz zeigt sich heute wie die Bretagne in zweierlei Gewand: Haute und Basse Normandie (etwa Ober- und Niedernormandie), zwei Verwaltungsregionen, die seit 1994 mit der Fertigstellung der 2,2 km langen Brücke über das Meer vom industriellen Le Havre zum malerischen Honfleur näher zusammenkommen, jedoch grundverschieden sind: die Obere Normandie stark industrialisiert und dem Pariser Einfluss ausgesetzt, die Niedernormandie bäuerlich und touristisch. Dementsprechend verhalten sich die Immobilienmärkte.

Das Department EURE ist im Westen durch den Freizeitmarkt bestimmt. Ferien- und Wochenendhäuser erlauben den „Metro-Maloche-Matratze"-Parisern auszuspannen.

Im Osten des Bezirks leben hingegen schon die ersten Pendler, die die Metro mit dem Zug eintauschen, um in der Hauptstadt zu arbeiten. Um EVREUX entstanden auf diese Zielgruppe ausgerichtete Wohnbauprogramme.

DIEPPE hat neben einer funktionierenden Wirtschaft auch einige touristische Reize.

9. Burgund

Man lebt hier im Gleichgewicht, Klima und Relief halten Maß. Die von der Landflucht verwüsteten Landstriche fehlen ebenso wie die übervölkerten Ballungszentren. Als Transitland und Puffer zwischen Nordfrankreich und Okzitanien ist der Burgunder traditionell auf Integration bedacht. Er schraubt auch mal Christuskreuze auf Megalithen, wenn der Glaube wechselt. So werden Bretonen oder Korsen als solche geboren, während man zum Burgunder wird; gute Aussichten also für Neuankömmlinge.

Diese pendeln in das nördliche Department YONNE vor allem aus PARIS, was sich auch an den Preisen bemerkbar macht, besonders bei Immobilien in Autobahnnähe. Etwas weiter südlich liegt die Bezirkshauptstadt und Fußballhochburg AUXERRE.

Beide Einzugsgebiete sind für Sie als Käufer aus Deutschland oder der Schweiz wenig reizvoll, da die Nachfrage aus dem Pariser Becken preistreibend wirkt und die Parzellen schrumpfen.

Interessanter ist da schon die 200.000 Hektar große grüne Lunge der Region, der Regionalpark MORVAN.

Weiter südlich liegen MÂCON und CHAROLLES bereits im Einzugsgebiet des 45 Zugminuten entfernten LYON.

In der Region liegen auch die Hochburgen des Katholizismus, CLUNY und TAIZÉ.

10. Paris

Wer die Department- und Autokennzahl 75 und eine Postleitzahl von 75001 bis 75020 besitzt, gilt als *branché* – wer nicht, bleibt Außenseiter und erkennbar an den post-napoleonischen Nummern 91 bis 95, die den in den sechziger Jahren gegründeten Vorstadt-Departments der Île de France entsprechen. Von den heute mehr als zwölf Millionen Menschen im Pariser Becken – ein Fünftel der französischen Bevölkerung! – leben seit 1880 konstant über zwei Millionen *intramuros*, innerhalb der Stadtmauern und der Ringautobahn. Bei begrenztem Angebot und steigender Nachfrage wurden zuerst die Arbeiter und später auch Normalverdiener und Familien in die Peripherie verdrängt.

Innerhalb der Stadt heißt dann die erste, eher philosophische Grundsatzentscheidung für den Investoren: *rive gauche* oder *rive droite* (immer in Fließrichtung betrachten!): das linke Seine-Ufer, chic und studentisch-intellektuell, versus rechtes, schick und wohlhabend-gediegen. Die Seine ist auch aus einem pragmatischeren Grund wichtig für die Immobiliensuche, alle 6.500 Straßen und 110 Boulevards der Stadt führen links die ungeraden und rechts die geraden Hausnummern, immer ausgehend von der Seine oder ihrem Fluss folgend. Das hilft beim Flanieren, vor allem in der über vier Kilometer langen *Rue Vaugirard* oder der 120 Meter breiten *Avenue Foch*.

Wie nun bei der Suche nach einer geeigneten Bleibe vorgehen? Versetzen Sie sich in die Denkweise des Parisers, und die geht über die Quadratmeter-Preisstatistik hinaus. Die Stadt ist sowieso teuer und manche Preisdifferenzen beruhen auf der Nachfrage renommiersüchtiger Gesellschaften, die sich eine feine Adresse kaufen. Auch die ruhige Lage spielt eine kleinere Rolle als woanders, Paris macht Lärm, rund um die Uhr. Die Hauptfragen lauten vielmehr: Wie lebenswürdig ist der Stadtbezirk, die Straße, der Block? Wo parke ich das Auto? Wo befindet sich die nächste der 370 innerstädtischen Metro- oder Schnellzugstationen, der einzigen Möglichkeit, sich schnell fortzubewegen. Was bekommt mein Wohnviertel vom jährlichen Budget der Stadtverwaltung ab? Kehrt bei mir einer der städtischen Reinigungsbeamten und werden auch vor meiner Tür die Hundehaufen (16 Tonnen pro Tag) mit Spezialmotorrädern entfernt? Kann ich mich nachts gefahrlos auf die Straße begeben? Wie ist das Renommee des Kindergartens und der Schulen? Manche Eltern fühlen sich gezwungen, ins Einzugsgebiet des Gymnasiums Henry IV im VI. Bezirk zu ziehen, um ihren Kindern das beste Karrieresprungbrett zu verschaffen. Wo befindet sich der nächste Bäcker, die nächste Einkaufsmöglichkeit oder gar ein Straßenmarkt? Wo Grünzonen? Mal eben aus der Stadt rausfahren zum Einkaufen oder Joggen kann locker acht Stunden dauern, wenn der Verkehr gerade zusammenbricht.

Im Folgenden ein Überblick über die einzelnen Stadtbezirke, den Arrondissements, die sich schneckenhausartig von der Mitte Richtung Rand anordnen und von der Ringautobahn begrenzt werden, dem berüchtigten und immer überfüllten *périphérique*.

Im I. Arrondissement steht auch der erste Platz der Stadt, *Place Vendôme*, mit den ersten Juwelenhändlern der Welt, dann kommt *Palais Royal. Les Halles,* welches lange als Modetreffpunkt galt, flachte dann unter dem Einfluss der Touristenströme, Fastfood-Läden und Sex-Shops ab. Szenenwirte wie Costes (*Café Costes*) gaben auf und zogen Richtung *Louvre*. Seither wurde das benachbarte *Centre Pompidou* rehabilitiert und auch *Les Halles* neu gestaltet.

Im II. Bezirk befindet sich die *Rue de la Paix*, die Schlossallee der französischen Monopoly-Version, die Oper und das Börsenviertel.

Das III. ist ein für Pariser Verhältnisse ruhiges Arrondissement, lediglich um die *Rue du Temple* sorgt der jüdische Textilhandel für Geschäftigkeit. Beim Marais handelt es sich um ein besonderes und sehr ursprüngliches Viertel von Paris. Da es die Hausmann'schen Modernisierungsbestrebungen des 19. Jahrhunderts überstanden hat, überlebten die ältesten und prachtvollsten *Hôtel particulier.* So stehen hier die Stadtpaläste des Adels neben windschiefen Handwerkerhäusern, Mietshäuser neben den Ordensniederlassungen der Tempelritter, die übrigens die Marais (dt. „Sumpf") im 13. Jahrhundert erst trockengelegt und bewohnbar gemacht.

Eine Reihe interessanter Mikromärkte im IV. mit der romantischen Seine-Insel *Saint-Louis* und dem *Place des Vosges*, aufgrund seines raffinierten Charmes wohl der gesuchteste Platz in Paris überhaupt. Seit der ehemals verwahrloste Platz *Beaubourg* mit dem erst 45 Jahre alten *Centre Pompidou* für rund 120 Millionen € saniert wurde, befindet sich der Bezirk im Aufschwung.

Quartier Latin, Sorbonne, Collège de France und die dazugehörige Studentenschaft prägen auf der linken Seine-Seite das V. Arrondissement. Es gehört zu den besseren Pariser Lagen.

Ein letzter Hauch von Existentialismus in *Saint Germain des Prés.* Fieberhaftes Nachtleben. Höchste Preise im VI. für hochgelegene Wohnungen gegenüber dem wunderschönen *Jardin de Luxembourg*, wohl der einzigen Lage, wo Sie wenigstens einige Stunden ungestört schlafen können.

Das immer schon teure VII. Arrondissement mit dem *Champs de Mars* in Nachbarschaft der Nationalversammlung, der *Ecole Militaire* und der UNESCO ist und bleibt gesucht. *Les Invalides* und die elf Kubikmeter Metall des Eiffelturmes sind von einer attraktiven Grünanlage umgeben, was ebenfalls preistreibend wirkt.

Das VIII. mit *Madeleine* und den *Champs-Elysées* ist bekannt und teuer. Einkaufsmöglichkeiten für die Wohnbevölkerung fehlen fast völlig.

Im IX. liegt *Rochechouart* am unteren, die *Chaussée-d'Antin* am oberen Ende der Werteskala. Hübsche Ecken um *Faubourg Montmartre*. Lange Zeit ein unscheinbarer Bezirk, investierten über die letzten Jahre die „bobos" in zu renovierende Wohnflächen. Die *bourgeois bohème* sind eine soziodemografische Erscheinung Frankreichs und können als eine Art Kaviar- und Champagner-Alternative übersetzt werden.

Das populäre X. bietet mit der Verschönerung des Ost-Bahnhofs eine interessante innerstädtische Investitionsmöglichkeit. Mit der Einweihung des TGV Paris-Straßburg hat sich auch das ganze Bahnhofsviertel verändert. Nach Köln fährt der TGV in mittlerweile nur noch 3 h 14 Min. Um die *Rue Jemmapes* und *Rue de la Grange aux Belles* wohnen Künstlerkreise.

Im XI. gibt es wenig zu sehen. Eine volksnahe Wohngegend ohne Prätentionen.

Der XII. berührt als erster Bezirk die Ringautobahn. Hier bietet der *Bois de Vincennes* mit seinen 995 Hektar Platz, die Parkprobleme sind nicht so dramatisch wie anderswo in Paris.

Noch leicht studentisch, aber hauptsächlich chinesisch gibt sich der XIII. Bezirk. Sie geben den Vorzug Vierteln wie Gobelins und Port-Royal. Frankreichs Nationalbibliothek, *La Très Grande Bibliothèque*, das letzte Monumentalwerk François Mitterands, sorgte mit seinen 130 ha Urbanisation in diesem Arrondissement für Auftrieb, der sich auch in den Preisen bemerkbar machte.

Das XIV. Arrondissement ließen Spekulanten lange Zeit links liegen, wen interessierten die Straßenmärkte, Parks und Cafés? Inzwischen erreichen Adressen um *Montparnasse* wegen der hohen Nachfrage Spitzenpreise.

Im XV. besetzten Firmensitze der Großunternehmen die schönsten Standorte am Seine-Ufer. Authentisches Paris um die *Rue de Commerce* und *Cambronne.*

Das XVI. ist so typisch versnobt, dass die Zahl 16 zum Eigenschaftswort avancierte: *elle est très seizième* will heißen „sie ist richtig sechzehnerisch", hängt nur feine Seidenwäsche aus dem Fenster und über die autobahnbreiten Prachtboulevards Foch, Hugo, Kléber oder Etoile. Etiketten und Etikette sind wichtig, *Paris, XVIème* steht auf der Visitenkarte eingraviert.

Im flotten XVII. Bezirk herrscht guter Geschmack. Wenig Geschäfte und Einkaufsmöglichkeiten bis auf *Rue Levis* und *Rue Poncelet*, ihre Nähe ist somit interessant.

Der verrufenste Bezirk der Stadt bleibt der XVIII., das malerische MONTMARTRE verkommt nachts zur Drogenszene, CLICHY und PIGALLE ebenfalls.

Der XIX.: Mehrere Urbanisierungsprojekte wie *La Villette* rehabilitierten den unterbewerteten Bezirk. Die erhöhten *Buttes Chaumont* sind erste Lage.

Im XX. gibt die *Rue des Pyrénées* den Takt an und führt durch kleine lebendige Viertel wie VOLTAIRE, BELLEVILLE oder BLUM. Ähnliches Preisniveau wie der XIX.

Wenn Sie relativ preiswert einsteigen wollen, können Sie eine etwa zehn Quadratmeter große Dienstmagdmansarde, eine *chambre de bonne* erwerben.

Oliver Kirner

II. Die beliebtesten Objekte

1. Schlösser: Markt

Das öffentliche Leben am Gitter des romantischen Schlossparks zurücklassen und hinter den meterdicken Quadersteinmauern bei Familie, Freunden und altem Cognac endlich Ruhe finden, die feindliche Welt draußen lassen …

Was bietet Frankreich hierzu? Einen Gesamtbestand von 40.000 Schlössern, davon 30.000 bewohnt und zirka 1.000 erwerbbar. Nur rund 1.500 gehören zu den nationalen Kulturgütern (*Classé Monument Historique CMH*), auf einer erweiterten Liste (*Inventaire Supplémentaire des Monuments Historiques, ISMH*) stehen 4.010 Objekte von regionaler Bedeutung. Die Eigentümer unterliegen bei diesen Klassifizierungen denkmalschützerischen Auflagen. Öffnet der Eigentümer an manchen Tagen im Jahr für Besucher, kann er Aufwendungen für das Schloss bei der Einkommensteuer berücksichtigen. Das setzt natürlich voraus, dass sein Einkommen in Frankreich versteuert wird. Sollte Ihr Schloss historisch herausragen, aber noch nicht denkmalgeschützt sein, können sie die Aufnahme in eine der Listen beantragen – am besten nach der Renovierung.

Folgekosten entstehen erfahrungsgemäß bei der Modernisierung der Bereiche Sanitär, Heizung und Elektrik. Auch Schönheitsreparaturen verursachen große Posten, wenn Sie bedenken, dass ein *château* meist um die 1.000 Quadratmeter Wohnfläche alleine auf den beiden Empfangs- und Wohnetagen besitzt und die Deckenhöhen bei drei bis vier Metern liegen. Die oft riesigen Nebengebäude wie Wohnungen und Werkstätten für Bedienstete, Stallungen für Tiere aller Art, Scheunen und Wirtschaftsgebäude wollen Sie nicht dem Verfall preisgeben, sie erfordern Sanierungsmaßnahmen im Rohbaubereich.

Den jährlichen Grund- und Wohnsteuern sind alle französischen Immobilien unterworfen, bei Schlössern sind sie höher, da der Bewertungsansatz vom fiktiven Mietertrag ausgeht. Immobilienvermögen über 1,3 Mio. € wird in Frankreich mit der Vermögenssteuer besteuert. Gebäude-Versicherungsprämien richten sich nach überbauten Flächen und Wiederaufbauwerten.

50 % des Objektbestandes fällt historisch in die Kategorie Sommerschloss, heiztechnische Überlegungen spielten zu Zeiten des Baus keine Rolle. Heute erweist es sich als schwierig und aufwendig, diesen Aspekt in den Griff zu bekommen. Sie können zwar beispielsweise Isolierverglasung auf neuen, dicht schließenden Rahmen einbauen, verzichten dann allerdings auf die Authentizität von handgeblasenen Gläsern auf Sprossenfenstern aus Eiche. Es kann sinnvoll sein, den teutonischen Perfektionsdrang hinten anzustellen und Sommer- und Winterbereiche innerhalb des Schlosses zu definieren. Überwintert wird demnach in zeitgemäß isolierten Bereichen, während des Sommers Flügel im alten Glanz genutzt werden.

Achtung, isolieren heißt Kamine ersticken! Zugluft gehörte früher zum Wohnalltag und förderte die Funktionsweise von Feuerstellen. Je dichter der Wohnraum, desto weniger ziehen die Kamine. Sehen Sie deshalb Luftzuführungen vor.

Die Heizkosten fallen aufgrund des gemäßigten Klimas und der dicken Mauern zwar niedriger als erwartet aus, allerdings verfügen Objekte in kälteren Zonen wie Elsass oder Burgund nicht selten über Öltankkapazitäten von erschreckenden 30.000 Litern.

Auch Löhne für Haushälter, Gärtner und Wächter müssen Sie veranschlagen, sofern Sie als Schlossfrau oder -herr nicht hauptberuflich putzen und rasenmähen wollen. Schließlich soll auch ein gewisser *train de vie* gepflegt werden, mit ansprechender Möblierung und ordentlichen Vorräten in Küche und Weinkeller.

Sie sehen, dass Schlossherren über langfristig gesicherte hohe Einkommen verfügen sollten. Nicht umsonst gilt der Besitz eines französischen *château* als eines der angesehensten Statussymbole bei Rock- und Showstars, Hollywood-Schauspielern, Spitzensportlern, Herrschern und Wirtschaftsmagnaten aus aller Welt.

Einen Ausweg aus diesen finanziellen Zwängen kann die teilgewerbliche Nutzung aufzeigen. Seminarzentren für Unternehmen entstanden reihenweise im letzten Jahrzehnt, die anhaltend gedämpfte Wirtschaftslage garantiert heute allerdings nur denen, die in der Nähe der wichtigen Metropolen liegen, ausreichende Umsätze.

Schlosshotels haben mehr Erfolgsaussichten, vorausgesetzt, sie werden einerseits professionell vermarktet und zum anderen als Familienbetrieb geführt. Müssen erst adäquate Köche, Empfangsdame und Stubenmädchen engagiert werden, geraten die Kosten zu hoch. Zusatzeinkommen bietet der Grüne Tourismus. Einfache Formeln wie Bed & breakfast (*chambre d'hôte*), wochenweise Vermietung von kleineren Nebengebäuden oder Flügeln (*gîte*) und Campingplätze (*camping au château*) erfreuen sich steigender Nachfrage.

Altersheime unterliegen auch in Frankreich strengen Auflagen und erfordern deshalb hohe Anfangsinvestitionen. Die aufwendigen Zulassungsbedingungen entfallen, wenn den in Deutschland untergebrachten Senioren mit dem heimeigenen französischen Schloss ein attraktives Ferienziel geboten wird. Ein zeitgemäßes Angebot für diese Zielgruppe heißt „betreutes Wohnen". Das Schloss dient als zentrale Versorgungseinrichtung (Restaurant, medizinische Betreuung, Festsäle), der Park als Freizeitbereich (Pool, Golf, Reiten). In neu zu errichtenden Villen oder umgebauten Nebentrakten können die Senioren, wenn sie wollen, auch völlig autark leben.

2. Schloss-Baustile

Im Folgenden finden Sie den Versuch einer historisch-architektonischen Übersicht: Auch wenn Reinformen kaum mehr existieren, so lassen sich zumindest bestimmte Gebäudeteile den einzelnen Epochen zurechnen. Die Geschichte der französischen *châteaux* beginnt vor rund 1.000 Jahren.

Bergfriede des 11. und 12. Jahrhunderts

Unter den an Macht verlierenden Nachfahren Karls des Großen, den Karolingern, verliert Westfranken seine straffe feudale Organisation. Erst mit den Kapetingern bilden sich große Territorien, die der König mit Behördenapparaten und Verwaltungen versieht und von Paris aus beherrscht. Die Ausbildung des Lehnsrechts erlaubt den Vasallen den Bau von beherrschenden Festungen, den sogenannten *donjons*. Die anfangs viereckigen Grundrisse der Bergfriede runden sich aus militärischen Überlegungen, so werden tote Winkel vermieden. Der runde Mauerbau erfordert auch weniger Material, die Druckverteilung bei Rammstößen erfolgt gleichmäßiger, die Soldaten auf den Wehrgängen agieren mobiler. Fenster- und Türöffnungen befinden sich oft erst auf sieben bis zehn Metern Höhe.

Ritterburgen des 13.–15. Jahrhunderts

Unter Philipp August beginnt ab 1180 die Zeit der mächtigen Herrscher, die sich große Ingenieurstäbe leisten können und auf diese Weise die Waffentechniken ständig verbessern. So verkürzen moderne Wurfmaschinen, Ramminstrumente, Unterminierungs-, Klimm- und Klettertechniken die Belagerungszeiten von vormals mehreren Monaten oder gar Jahren auf nunmehr zwei Wochen.

Gleichzeitig verbessern die Verteidiger die Defensiveinrichtungen der Schlossfestungen. Die Hauptverteidigung wird auf den Zingel verlagert; von den Kreuzzügen und den Erkenntnissen über die orientalische Festungsbauweise bringen die Ritter das Konzept der Wach- und Ecktürme in dieser Mantelmauer mit. Bergfried und Dürnitz (heizbarer großer Raum im Erdgeschoss) bilden das Zentrum des Burghofes. Die Wirtschaftsgebäude, Kemenate, Pferdeställe und Nutzbauten integrieren sich in die erste Mantelmauer. Die Burgeingänge sichern Zugbrücken, Torhäuser und Torgräben. Wehrgänge, Pechnasen und Schießscharten gestatten eine aktive Verteidigung.

Manoirs im Hundertjährigen Krieg

Während dieses wirtschaftlichen und politischen Chaos verwischen sich Lehen, Bündnisse und Grenzen. So ziehen Karl der Weise und seine Prinzen es vor, eigene zuverlässige Verteidigungspunkte aufzubauen und nicht auf oft abtrünnige Vasallen zu vertrauen. Jeder von Karls Männern unterhält bis zu 80 mächtige Wehrschlösser nach dem neuesten Stand der Verteidigungstechnik. Die durch Wirtschaftskrise und Pest geschwächten kleinen Landadligen rüsten ihre *châteaux* zu verteidigungsfähigen *manoirs* um, die sich um den Wehrturm gruppieren. Ziel dieser Architektur ist es, Handstreichen von streunenden Banden standzuhalten; strategische Funktionen im Kriegswesen dagegen erfüllen die Wehrschlösser. Auch architektonisch herrscht während dieser Epoche Unsicherheit: Das *château* bald als Verteidigungspol, bald als Machtsymbol, bei Beruhigung der Auseinandersetzungen gar Lustresidenz: es entstehen Zwitter.

Renaissance-Schlösser

Von den Italienfeldzügen importieren französische Herrscher die feudale Architektur. Materialvielfalt, reichhaltige Verzierungen und phantasievolle Pläne bereichern nunmehr die französische Schlosslandschaft. Die Mäzene verpflichten italienische Künstler für die Umsetzung vor Ort.

Militär- und Lustbauten gehen nunmehr verschiedene Wege. Die ab 1350 verwendeten Kanonen schlagen erst gegen 1470 richtig durch und erfordern auf Verteidigungsseite eine eigene Architektur, gekennzeichnet durch zehn Meter dicke Mauern, sehr flach gehaltene Festungsbauten und mehrere Verteidigungswälle in den Außenbereichen. Dekorative Wassergräben umgeben hingegen die *résidence de plaisir*, zum oft noch bestehenden Wehrturm kommen Wohnteile hinzu. Flügelanbauten mag der Schlossherr gerne, um alles Wichtige in seiner Nähe unterzubringen.

Ludwig XIV – Prunkschlösser und künstliche Parks

Der Sonnenkönig begründet die Vormachtstellung Frankreichs in Europa und rundet seinen hexagonalen Nationalstaat am Rhein und in den Pyrenäen ab. Der Colbert'sche Merkantilismus bringt reichlich Geld in die Staatskassen und erlaubt Großbaustellen wie Versailles und Chantilly. Die königlichen Architekten Mansart (*Versailles*, Mansardendach) und Lenôtre (Park von *Versailles* und *Chantilly*) werden vom aufstrebenden Bürgertum, das durch Ämterkauf zu Dienstadel aufsteigt, im kleinen Maßstab kopiert. Der architektonische Haupttrend besteht in der Öffnung zur Landschaft und der völligen Integration von Park und Gärten. Marschall Vauban übernimmt alles militärische und überzieht das Land mit Festungen und befestigten Städten.

Rokoko-Schlösser des 18. Jahrhunderts

Verschwendung und Dekadenz kennzeichnen die politischen und wirtschaftlichen Verhältnisse dieses Jahrhunderts. Der Kult des höfischen Lebens wird zum Lebenszweck eines ganzen Standes und findet sich auch in der Architektur wieder. Landschlösser sind nicht nur in Mode, sondern geradezu ein gesellschaftliches Muss. Sie gelten als Orte des Spiels, der Jagd, des Theaters, der Konversation, der Musik. Außenbauten wie Orangerien, Amphitheater und große Stallungen haben Konjunktur. In der Innendekoration beherrschen Ornamente, Vergoldungen, *tapisseries* und *chinoiseries* den Geschmack. Der Traum endet mit der französischen Revolution, während der viele feudale Bauten in Flammen aufgehen.

Neo-Stile im 19. und 20. Jahrhundert

Reiche Bourgeoisie und wieder gesundeter Adel erholen sich vom Großstadtstress bevorzugt auf ihrem Landsitz. Unabdinglich: die eigene Kapelle, Gesindehäuser, Stallungen und Höfe für die beschäftigten Bauern.

Die fast tausendjährige Bautätigkeit der *châteaux* endet mit dem Ausbruch des I. Weltkrieges.

3. Belles Demeures

Sie beschreiben alle Gebäude, die herrschaftlich anmuten und einen besonderen Reiz ausstrahlen, wörtlich übersetzt handelt es sich um die „schönen Bleiben". Auch in dieser Kategorie historischer Liebhaberobjekte herrscht einige Begriffsverwirrung. Damit Ihnen niemand ein X für ein U verkauft, hier ein Erläuterungsversuch:

Chartreuse (franz.: *chartreux* = Kartäuser, nach dem gleichnamigen Orden, 1084 von Bruno von Köln in der Nähe von Grenoble gegründet): Langgezogenes Kloster im gotischen Stil, mit nebeneinander liegenden Zellen für die Mönche. Ursprünglich völlig abgeschieden liegend. Derzeitiger Bestand: 200 Stück. *Chartreuse* nennt man im Südwesten Frankreichs auch ein einsam liegendes Landhäuschen.

Donjon: Bergfried oder befestigter Wohnturm ab 11. Jahrhundert; der Grundriss zu Anfang des Jahrtausends viereckig, dann zur besseren Verteidigung rund, selten sechs- oder achteckig; ursprünglich kein Eingang im Erdgeschoss, dicke Mauern, kleine Fenster. Oft der solideste Bau der ehemaligen Burganlage, deshalb heute auch isoliert ohne die seinerzeit dazugehörigen Nachbargebäude zu finden.

Gentilhommière (franz.: *gentilhomme* = Edelmann von Geburt): Luxuriöses Landhaus oder Lustschloss eines Adligen. Befestigungen zur Verteidigung entfallen vollständig. Oft ein- oder zweistöckig auf weiter Grundfläche, mit großen Öffnungen und viel Lichteinfall (*Siècle de Lumière*).

Der *Manoir de Gentilhomme* stellt einen architektonischen Zwitter dar, der das aufkommende Lustprinzip des 17. Jahrhunderts mit der Notwendigkeit von Defensivbauteilen in der noch unruhigen ersten Hälfte des Jahrhunderts in Einklang zu bringen sucht.

Hôtel Particulier: Sehr großzügiger Stadtpalast, ab dem 17. Jahrhundert von Adligen, später von Großbürgern errichtet und bewohnt. Oft mit Nebengebäuden für Dienstpersonal. Heute bevorzugter Arbeitsort von diplomatischen Vertretern in den Großstädten Frankreichs, von Notaren, Anwälten und Chirurgen in den kleineren Städten.

Im *Hôtel de Ville* residiert der Bürgermeister, der einfachere Ausdruck dafür lautet *mairie*.

Maison Bourgeoise: Geräumiges, solides Bürgerhaus, oft in den besseren Vororten der Großstädte und mit geschlossenem Park.

Maison de Maître: Geräumiges, auf dem Land oder in Kleinstädten gelegenes Herrenhaus, meistens mit drei bis fünf Fensterkolonnen und geschlossenem Park. Standard waren 200 Quadratmeter Grundfläche auf drei Etagen mit den Empfangsräumen im Erdgeschoß, dem Privatbereich im Obergeschoss und den Dienstbotenzimmern unter dem Dach.

Reich gewordenes Bürgertum oder Parvenüs versehen ihre Herrenhäuser ab 1850 mit Türmchen und anderem neo-monarchistischem Schnickschnack, um mit den äußerlichen „Immo-Attributen“ des Geburtsadels gleichzuziehen. Diese gemeinhin auch unter der Bezeichnung Industriellenschlößchen bekannten Gebäude sind reizvoll, aber weniger wertvoll als ältere Schlösser, da bei Steinmetz-, Zimmerer- und Tischlerarbeiten schon Maschinen ihren Einsatz fanden.

Baumaterialien und Stil passen sich den Regionen an. Dächer werden von Norden nach Süden flacher.

Mit hohen Renovierungskosten in den Bereichen Sanitär, Heizung, Strom ist zu rechnen. Vorsicht bei Schieferdächern mit nicht mehr gängigen Formaten, die dann von Hand nachgefertigt werden müssen und entsprechend kosten.

Aufgepasst auch bei der Lage: Seinerzeit aus Prestigegründen oft an von Pferdespannwerken benutzten Verkehrswegen gebaut, heute leider an den von Motorfahrzeugen befahrenen Straßenachsen gelegen! Vor mehrstündigen Besichtigungsfahrten sollten Sie diesen Part unbedingt abklären.

In den Nachkriegsjahrzehnten renovierte Objekte sind aufgrund der veralteten Haustechniken problematisch.

Behutsam renovierte Objekte mit heutigem Komfort in ruhigen und attraktiven Lagen hingegen erzielen Spitzenpreise, vor allem in Großstadtnähe.

Manoir (alt-franz.: *manoir* = wohnen): Sitz eines Lehnsherrn, der keine königliche Erlaubnis für den Bau einer Schlossburg mit Zingel und Wartturm bekam. Der *manoir* ist ansonsten stark befestigt, äußerst solide gebaut und verfügt über eine ausgezeichnete Exposition zur Erspähung von herannahenden Horden. Ganzen Armeen oder längeren Belagerungen konnten die *manoirs* kaum standhalten. Baumalleen zum Haupteingang waren Adelsprivileg. Der *manoir* wird ab Louis XIII durch das Lustschloss oder die *Gentilhommière* abgelöst.

4. Einfache historische Bauten

Bastide (provenzalisch: *bastir* = bauen): Ursprünglich die siedlungspolitische Bezeichnung für befestigte Städte in Südfrankreich, die gewitzte

Lehnsherren ab dem 12. Jahrhundert zur Ansiedlung von Landbevölkerung errichteten. Die antiken Promoter versprachen den Bauern weitgehende Abgabenfreiheit und verlangten, dass sie im Gegenzug die Verteidigungslasten mittrügen. Der quadratische Marktplatz steht im Kern des geometrisch angelegten Stadtgrundrisses, schattenspendende Arkaden säumen diesen und die lichten Wohnstraßen liegen zentrifugal angeordnet.

Im historischen Bauwesen bezeichnet *bastide* ein geräumiges ländliches Gebäude mit quadratischem Grundriss und Zeltdach. Verbreitet im *Languedoc* und der *Provence* und ehemals bevorzugt von protestantischen Großbauern bewohnt.

Bergerie: Diese Ziegenbauernhöfe liegen allein in Steppe- oder Heidegebieten. Sie verfügen über rechteckige Grundrisse, Giebel- oder Pultdächer, je nach Region Kanalziegel-, Schiefer- oder Steinplattendeckungen. Die schweren Kalkplatten, auf der Larzac-Hochebene zur Dachdeckung eingesetzt, werden von anderthalb Meter dicken Mauern getragen, Gewölbedächer aus Felssteinen und kleinste Fenster verbessern die Statik. Die Notwendigkeit der modernen Landwirtschaft, große Herden ab 300 Kleinvieheinheiten zu halten, um rentabel zu arbeiten, führt zur Zweckentfremdung der zu klein gewordenen Ställe, die höchstens 50 Tiere aufnehmen können. Die meisten *bergeries* verwandeln sich deshalb in gesuchte und hochbezahlte Ferienquartiere.

Leider tragen die modernen Großställe, anders als die alten, nicht mehr zur Verschönerung der Landschaft bei. Die Subventionen für den Bau beschränken sich auf Mauern und Dach. So entstehen die hässlichsten Warzen aus Beton und Eternit oder Blech in den schönsten Naturlandschaften und Bergregionen, wo sich Tierzucht aufgrund der EU-Bergprämien lohnt. Da der Landwirt für einen ansprechenden Außenputz, ein wenig Farbe oder ein paar Pflanzungen im Außenbereich keine finanziellen Unterstützungen mehr bekommt, begnügt er sich mit dem rohen Bau.

Borie: Konische Schutzhütte als Unterstand für Hirten und Landarbeiter in Igluform, in Trockenbauweise aus Stein, landschaftsbestimmend in Teilen der Provence (*borie*), des Lot und des Quercy (*gariotte*, *capitelle*) und auf den Causses (*chazelle*). Obwohl neolithisch anmutend, stammen die meisten aus dem 18. und 19. Jahrhundert.

Chais: Größere Domänen in Südfrankreich besitzen oft ein solches rechteckiges und nur aus einem Raum bestehendes Gebäude, in dem Wein gekeltert und gelagert wurde. Der *chais* steht allerdings auch in Gebieten, wo heute kein Weinbau mehr betrieben wird, meist in Nachbarschaft von

Schlössern, aber auch auf großen Pachthöfen, auf denen der Gutsherr seinerzeit anbauen ließ. Der *chais* im Originalzustand hat keinen Bodenbelag, der Kontakt mit dem Erdreich soll dem Alterungsprozess des Weines zugutekommen und eine gewisse Raumfeuchtigkeit erhalten. Wenn Sie ein derartiges Objekt zum Loft ausbauen wollen, machen Sie sich auf umfangreiche Rohbaumaßnahmen gefasst (Drainage, Bodenisolierung, Mauersanierung).

Chalet (schweizerisch-französisch): Ursprünglich die Sennhütte, später auch der Bergbauernhof in den Savoyen, dem Jura oder den Vogesen. Ganz aus Holz, wiederaufbaubar, erhöht, da auch als Kornspeicher benutzt. Heute ist es die allgemeine Bezeichnung für Städterruhesitze in den Bergen.

Ferme: Bauernhof, bestehend aus Wohnteil und angebauten oder freistehenden Nebengebäuden, die land- und weinwirtschaftlichen, heute oft gewerblichen oder künstlerischen Aktivitäten dienen (*dépendances*). Letztere sind nicht zu verwechseln mit den *communs*, in denen Landarbeiter oder Dienstpersonal untergebracht wurden (diese Unterscheidung gilt auch für bürgerliche Gebäudetypen).

Die *fermes* haben einen jeweils unterschiedlichen Regionalcharakter. So gibt es mehr als 30 verschiedene Ausprägungen zwischen Korsika und der Bretagne aufgrund der unterschiedlichen Materialvorkommen und Wetterverhältnisse. Je nach Gesteinsvorkommen bestehen die Mauern aus gehauenen Quadern in Granit oder Basalt (*Auvergne*), Kalk (*Lot, Dordogne*), Backstein und Trockenlehmelementen (*Lauragais*), die Dächer aus Kanalziegel (*Midi*), Schiefer (*Cevennen*) oder dicken Kalkplatten (*Causses de Larzac*). Innerhalb des Landstrichs entschieden dann auch der Geschmack und der Geldbeutel des Erbauers über die Ausgestaltung des Hofs. Jedenfalls werden heute solche Bauwerke nicht mehr errichtet, sie sind gezählt und deshalb gesucht. Viele neue Bewohner schätzen neben den alten Materialien auch den gesunden Menschenverstand, den die Erbauer seinerzeit walten ließen. Die Fermen stehen immer in Richtung der Hauptwinde, die Wetterseiten sind blind oder geschützt. Wasservorkommen über Brunnen und Quellen garantierten das Überleben des Tierbestandes; erhöhte Lagen schützten vor Hochwasser. Meist gibt es an solchen Standorten auch „irgendwie gute Schwingungen" – rational unerklärlich.

Longère (franz.: *long* = lang): Langgezogenes und niedriges Bauern- oder Fischerhaus, meist nördlich der Loire und insbesondere in der Bretagne anzutreffen. Meist sehr einfach in Wohnküche, Schlafraum und kleinem Stall aufgeteilt. Naturstein, Strohdach und eine Giebelseite in Leierform kommen vor.

Magnanerie: In den *Cévennen*, der *Drôme* und der *Provence* stehende Steinbauten für die Seidenraupenzucht. Schmal und mehrstöckig, oft mit großen Arkaden und altem Maulbeerbaumbestand. Selten.

Mas (provenzalisch: *mas* = Haus): Bezeichnet ursprünglich einen ein- oder zweistöckigen Bauernhof im Südosten Frankreichs. Rechteckiger Grundriss. Oft mit turmartigem *pigeonnier* (Taubenschlag) sowie Stallungen und Scheune. Mauern aus Feldsteinen, nur an den Ecken, Gewandungen und Arkaden aus behauenen Quadersteinen. Sanft geneigte Dächer, römische Kanalziegel. Original mit Tonplattenböden, die Sie bei der Estrichlegung entfernen müssen und die dann leider oft zerbröseln. Neu erbaute Villen im typisch provenzalischen Baustil werden ebenfalls werbewirksam *mas* genannt.

Pigeonnier, auch *colombier* (Taubenturm): Kunstvolle Bauwerke mit allen möglichen Grundrissen (rund bis oktogonal), kleinen Öffnungen für den Einflug und Nestnischen in der Innenmauer. Im 17. und 18. Jahrhundert ein Symbol für Reichtum. Die manchmal bis zu 2.000 Taubenpaare dienten nicht so sehr dem Verzehr, noch dem Einsatz als Postboten. Begehrt waren vielmehr ihre Exkremente als Dünger für die Weinstöcke der Domänen.

III. Hausbesichtigung: So erkennen Sie Mängel!

1. Vorteile des gebrauchten Hauses

Die Vorteile liegen auf der Hand, ein gebrauchtes Haus zu kaufen: Es ist ehrlicher zu Ihnen! Völlig Neuen fehlt diese Aussagekraft, die noch zu Erstellenden existieren ja nicht einmal. Die Alten hingegen haben gelebt und wurden belebt – wie? Das gerade können Sie sehen, spüren, riechen, prüfen, schätzen und schätzen lassen! Zudem haben Sie die Wahl: Vor allem der Süden des Landes blieb über Jahrhunderte von kriegerischen Zerstörungen verschont und verfügt über eine sagenhafte Anzahl älterer Immobilien. Diese bringen indes, wie alle Antiquitäten, einige Probleme mit sich.

Welche baulichen Mängel treten Frankreich- oder altbauspezifisch auf? Nicht immer können Sie einen Architekten oder Generalunternehmer zur vorläufigen Begutachtung der Gebäudesubstanz hinzuziehen und auch Ihr bester Freund und Heimwerker, der sich auskennt, hat nach der zehnten Besichtigung keine Lust mehr, Sie zu begleiten. Deshalb stehen unten einige praktische Tipps für Hausbesichtigungen ohne Fachleute. Apropos: Bitte fragen Sie höflich, wenn Sie Hand anlegen, ob der Eigentümer nichts gegen das hier empfohlene Bohren, Klopfen und Springen hat. Und: Halten Sie zu betonte Gefühlsäußerungen zurück – die Begeisterung ob des Kamins oder den Spott über den Langhaarteppich im Badezimmer. Zu schnell verschiebt sich die Basis für eine eventuelle zukünftige Verhandlung.

2. Verschiedene Aspekte

Solider Dachstuhl?

In Weichholzregionen wie um *Bordeaux* und in den *Landes* sind oft Termiten am Werk. Generell besteht Termitengefahr in den meisten südlichen Regionen, wo die durchschnittliche Wintertemperatur nicht unter 5 Grad geht. Die Tiere lassen sich kaum ausmachen, geraten aber nur in den Dachstuhl, wenn dieser Verbindung mit dem Erdreich im Außenbereich hat, beispielsweise über Fachwerk oder andere Holzelemente. In gefährdeten Gebieten sind Prüfungen vor Verkauf Vorschrift.

Parasiten

Keine Panik bei anderen Parasiten – die müssen meist jahrzehntelang fressen, ehe sie die Statik gefährden. Trotzdem auf größere Mehlhaufen unter den Holzteilen achten! Holzwürmer benötigen 16 % Feuchtigkeit im Gebälk zum Überleben. Bei vernachlässigten Dächern macht Feuchtigkeit dem Holz zu schaffen. Bohren Sie mit dem Autoschlüssel ein wenig im Gebälk, vor allem an den Stellen, wo die Pfetten (Dachbalken) auf den Mauern liegen. Vergewissern Sie sich, dass da nichts fault. Ein Blick auf die natürlichen Vorkommen in der Region gibt Ihnen einen Hinweis auf die verwendete Holzart. Kaum Probleme werfen Dachstühle in Eiche (*chêne*) auf, genauso wenig wie die in den *Cévennen* und dem südlichen Zentralmassiv verwendete Edelkastanie (*châtaigner*). Beide Holzarten nicht mit Pappel (*peuplier*) verwechseln. Pappel wird gerade bei langen Elementen gerne verwendet, ist jedoch weicher und heller als die vorigen, fault leichter durch und wird eher von Parasiten befallen!

Asbest und Blei

Expertisen über asbest- oder bleihaltige Bauteile müssen vom Verkäufer zum Vertrag vorgelegt werden.

Wasserflecken

Wasserflecken an Decken sind oft weniger schlimm als sie aussehen. Gerade traditionell gedeckte Dächer (Schiefer, Kanalziegel) kommen nach Unwettern ins Rutschen, vor allem wenn sie nicht verhakt sind. Der Schaden wird bei unbewohnten Objekten dann erst einige Zeit später behoben, hinterlässt aber die großen Flecken.

Außenmauern

Atmen die Außenmauern? Oft sind sie nicht fachgerecht verputzt und schließen Feuchtigkeit ein. Ihre Nase führt Sie zu einem ersten Verdacht. Bei den Innenmauern verhält es sich ähnlich.

Auf das Erdreich gesetzte Mauern ohne Keller oder tiefe Fundamente zeigen manchmal Risse auf. Die südfranzösischen Lehmböden beispielsweise dehnen sich in Regenjahren aus und ziehen sich während langer Trockenperioden wieder zusammen. Die darauf stehenden Mauern bewegen sich mit. Meist sind sie dick und alt genug, um auch zukünftige Bewegungen zu verkraften, sonst wird jedoch der Einsatz von quer durch den Dachstuhl verlaufenden Spanneisen oder ein konsolidierender Betonring auf der Mauer notwendig. Wer ernsthafte Zweifel hat, kann eine Gipsmarkierung auf den Riss setzen und einige Monate warten. Ob auch der Verkäufer wartet?

Feuerstellen

Sie werden in den meisten Häusern Feuerstellen finden, da Holz einen popularisierten Energieträger darstellt (Frankreichs Wälder gehören zu 73 % Privateigentümern, davon besitzen sehr viele nur kleine Parzellen). Zieht der offene Kamin? Finden Sie fettigen Ruß im Abzug, bitten Sie um einen kleinen Feuertest mit Papier. Einen guten Eindruck sollten bei Ihnen Feuerstellen mit Alltagsmüll hinterlassen, die werden auch regelmäßig genutzt. Blank gebohnerte Kamine dienen oft nur der Zierde.

Erdgeschossboden

Der Zustand des Erdgeschossbodens lässt sich vom Keller aus besser beurteilen, da man Einsicht in die tragenden Teile hat. Bei Parkettböden ruhig mal kräftig aufspringen, und darauf achten, ob's knackst und bröselt.

Speicher und Keller

In gesunden Speichern und Kellern fliegt auch bei feuchtem Wetter der Staub auf. Die Ausnahme macht der Weinkeller, dessen Grundfeuchtigkeit und direkter Kontakt mit dem Erdreich dem Alterungsprozess der Tropfen zugutekommt. Der Weinkeller sollte nördlich liegen. Im Süden des Landes finden Sie überhaupt wenig Keller. Die Vorratshaltung fand in Nebengebäuden statt.

Innenwände

Durch Kapillarwirkung feucht gewordene Innenwände fühlt man am besten beim Streicheln mit der trockenen Handfläche. Vorsicht bei Verschalungen oder neuen Tapeten! Hier werden vielleicht Salpeter oder Pilze versteckt, die Sie am besten an Kanten, Ecken und Ritzen erspähen können. Salpeter entsteht auch durch Ausdunstungen bestimmter Materialien, zum Beispiel Flusssteine. Maßnahmen, um die Feuchtigkeit loszuwerden, sind der Einbau von Drainagen, Dachrinnen und Vorrichtungen, die eine Luftzirkulation im Inneren der Mauern ermöglichen.

Isolierung

Ideal bei alten Natursteinmauern sind Innenisolierungen aus Trockengipsplatten oder 50 mm-Ziegelsteinmauern mit einer Schicht Isolationsmaterial und einem Freiraum für die freie Luftzirkulation. Sie schützen auch gegen Hitze. Seit 1975 existieren Isolationsvorschriften für Neubauten, die von der Zugehörigkeit zu einer von drei Zonen abhängen. Vereinfacht sind das: Norden (kalt), Süden ohne das Mittelmeergebiet (gemäßigt) und Mittelmeergebiet (warm). Die Art der Innenmauern können Sie durch sachtes Klopfen prüfen. Vermeiden Sie aber das dauernde Abklopfen der Wände, die Tresore sind sowieso längst leer!

Fenster

Doppelverglasung ist nur nördlich der Loire die Regel. In den gemäßigten und warmen Zonen besitzen allenfalls die Fenster an der Wetterseite (West) eine Isolierverglasung. Gewöhnlich dienen Fensterläden der Isolierung vor Kälte, sie schützen besser vor Hitze. Blaue Fensterrahmen und -läden sollen Mücken und Fliegen abschrecken; da die Insekten diese Farbe als etwas Kaltes identifizieren.

Gegen hohe Sommertemperaturen

Denken Sie an die hohen Sommertemperaturen. Legen Sie Wert auf Bäume, Patios und andere Schattenbereiche. Sie sind mit dicken Außenmauern und Verdunkelungsmöglichkeiten der Innenräume lebenswichtig.

Windrichtung

Achten Sie auf die Exposition des Hauses und orientieren Sie sich an den ältesten bäuerlichen Objekten der Gegend. Gerade bei Neubauten vernachlässigen ortsfremde Architekten die lokalen Gegebenheiten und missachten die Richtung der Hauptwinde, die bei Geschwindigkeiten bis zu 180 km/h besser auf Ihren fensterlosen Giebel treffen, als auf die Längsseite mit Terrasse.

Installationen

Meist berücksichtigt der Kaufpreis die vorhandenen Strom-, Sanitär- und Heizungsinstallationen.

Wohin fließt das Abwasser? Anschlüsse an die Gemeindekanalisation (*tout à l'égout*) sind keinesfalls normal, Frankreich ist das Land der Individual-Klärgruben (*fosse septique*). Über die Sickergrube muss Ihnen der Verkäufer ein Gutachten aushändigen.

Strom und Wasser

Fehlen Strom- und Wasseranschluss, erkundigen Sie sich bei den jeweiligen Versorgern nach den Gebühren.

Nachbarschaft

Versäumen Sie auf keinen Fall die Erkundung der Nachbarschaft und der näheren Umgebung, zu Fuß und mit dem Auto. So bleiben Sie vor unangenehmen Überraschungen bewahrt und können sich an die Prüfung der Papiere machen.

Wenn Sie die Vorauswahl getroffen haben und dennoch Unsicherheiten bestehen, wenden Sie sich an einen Fachmann, beispielsweise einen örtlichen Architekten.

IV. Kauf einer gebrauchten Immobilie

1. Die Suche nach der Immobilie

Nachdem Sie „Ihre“ Region gefunden haben, beginnt die Suche nach der passenden Immobilie.

a) Von Privat an Privat

Auch in Frankreich können Sie „auf eigene Faust“ ohne Vermittler an Immobilieneigentum gelangen. Im Internet gibt es viele Adressen, Sie können auch Ihre bevorzugte Region in Verbindung mit *„immobilier“* in Ihre Suchmaschine eingeben und erhalten viele Links. Insbesondere in ländlichen Gegenden können Sie von Ihren Französischkenntnissen Gebrauch machen und sich in Gemischtwarenläden, beim Bäcker oder Zeitungsverkäufer nach Immobilien erkundigen, die zu verkaufen sind. Achten Sie auch auf die Schilder an Häusern und Gebäuden, die das Haus zum Verkauf anbieten: *„à vendre“*.

b) Makler

Agents immobiliers gibt es in Frankreich wie Sand am Meer. Sie sind meistens quartiersorientiert, d. h. sie haben ihr Büro und den Vermittlungsschwerpunkt in einem bestimmten Viertel der Stadt. Es gibt zwei große Maklervereinigungen, *Orpi* und *FNAIM (Fédération Nationale des Agents Immobiliers).*

Praxis-Tipp

Achten Sie bei der Maklersuche darauf, dass Ihr Makler Mitglied einer dieser Vereinigungen ist. Es steht meistens bereits am Fenster oder an der Tür des Büros, beispielsweise ***FNAIM*** in schwarzer Schrift auf einem gelben, auf einer Spitze stehenden Viereck.
Die Vereinigung ***FNAIM*** hat auch eine eigene ***Caisse de Garantie,*** d. h. treuhänderisch vom Makler verwaltetes Geld des Käufers (z. B. die Garantiesumme) wird durch diese Bürgschaft abgesichert.
Vorsicht ist geboten, wenn der Makler keine ***carte professionelle*** hat und keiner Vereinigung angehört!

Der *Agent Immobilier* genießt einen guten Ruf. Es handelt sich zudem um eine geschützte Berufsbezeichnung. Der *Agent Immobilier* hat ein Jura- oder Fachstudium abgeschlossen, hat ein staatlicherseits immer wieder kontrolliertes Anderkonto (*compte dépot/compte séquestre),* ein für ihn bürgendes Kreditinstitut, eine Berufshaftpflichtversicherung, eine grüne *carte professionelle,* die jährlich neu beantragt werden muss, und ein überprüfbares Auftraggeberregister, in dem die schriftlichen Verkaufsaufträge chronologisch aufgeführt werden.

Diese Verlässlichkeit hat jedoch seinen Preis: die Provision beträgt 5–10 % des Kaufpreises.

Praxis-Tipp

Prüfen Sie, ob die Provision „TTC" – ***toutes taxes comprises,*** also inklusive Mehrwertsteuer (20 %) ist oder nicht.

Überlegen Sie, ob Sie allein diesen Makler beschäftigen möchten oder den Auftrag an mehrere Agenturen geben möchten.

Möchten Sie nur diesen einen Makler beauftragen, erteilen Sie ihm ein *mandat exclusive.* Ratsamer ist es, den Auftrag an mehrere Makler zu geben *(mandat sans exclusivité).* So besteht Konkurrenz, und beim Wettkampf um die Provision strengen sich die *agents immobilier* mehr an.

Praxis-Tipp

Achten Sie beim Maklervertrag auf die Dauer des Mandats sowie auf eventuelle Kündigungsfristen. Oftmals wird eine unkündbare Zeit von drei Monaten vereinbart, dann verlängert sich der Vertrag – wenn man nicht 14 Tage vor Ablauf schriftlich mit Einschreiben und Rückschein ***(lettre recommandée avec accusé de réception)*** gekündigt hat – bis auf ein halbes oder ein Jahr, wobei dann eine monatliche Kündigungsfrist vereinbart wird.

Weiterhin haben auch Sie verschiedene Pflichten, die Sie im Maklervertrag vereinbaren. Sie verpflichten sich beispielsweise,

– mit dem vom Makler vermittelten Käufer einen bindenden Vorvertrag *(compromis de vente)* zu schließen, wenn Sie als Verkäufer den Makler beauftragt haben,

- dem Makler seine Provision – *rémunération du mandataire* – zu zahlen, wenn er seine Aufgabe erfüllt hat,
- dem Makler alle Informationen zu geben, die er braucht,
- falls Sie „am Makler vorbei" sich mit einem von diesem vermittelten Vertragspartner einigen, eine Strafsumme in Höhe von mindestens der vereinbarten Provision zahlen.

Praxis-Tipp

Wie bei allen Verträgen gilt auch hier: Unterschreiben Sie nichts, was Sie nicht verstanden haben! Lassen Sie den Vertrag notfalls übersetzen oder ziehen Sie französische Bekannte zur Übersetzung mit hinzu.
Dem Makler steht seine Provision bei Zustandekommen des Hauptvertrages zu – nicht vorher!

c) Notare

Auch Notare haben entweder eigens in ihrem Büro einen *agent immobilier* sitzen, oder vermitteln selbst. Sie sitzen „an der Quelle", denn gerade Immobilien aus Erb- oder Scheidungsmassen landen zunächst auf ihrem Schreibtisch, bevor sie auf den freien Markt gehen. Auch hier muss ein schriftlicher Verkaufsauftrag vorliegen.

2. Finanzierung der Immobilie

a) Allgemein

Soll die Immobilie in Frankreich mit Hilfe eines Kredites gekauft werden, stellt sich die Frage, ob Sie sich an eine deutsche oder eine französische Bank wenden sollten. Hier sind zunächst allgemeine Informationen einzuholen: Zu welchen Bedingungen wird ein Kredit gewährt? Wie hoch ist der Zinssatz? Wird ein fester Zinssatz vereinbart oder ein variabler? Kann man Sondertilgungen tätigen? Wenn ja, zu welchen Bedingungen? Welche Sicherheiten werden verlangt?

Deutsche Banken geben meist nur den Kredit gegen Besicherung einer deutschen Immobilie. Sollte Ihnen dies möglich sein, ist das sicher die einfachere und praktischere Variante: Sie haben einen deutschen Ansprechpartner.

b) Darlehen bei einer französischen Bank

In Frankreich wird die Bank zunächst sämtliche Einkommensunterlagen anfordern. Hier gilt, dass die Kreditbelastung *(capacité de remboursement)* nie mehr als 33 % des monatlichen Nettoeinkommens betragen soll. An Eigenkapital *(apport personnel)* werden 10–20 % des Kaufpreises zzgl. der Notarkosten verlangt.

c) Unterlagen für die französische Bank

Die französischen Banken verlangen grundsätzlich die letzte Steuererklärung *(déclaration de revenus)* und Lohnbescheide *(feuilles de paie)*, sowie ggf. weitere Unterlagen.

d) Sicherheiten für die französische Bank

aa) *Hypothèque*

Wie in Deutschland: Zahlt der Schuldner nicht, darf die Immobilie versteigert werden, der Gläubiger erhält sodann den Ersteigerungserlös.

bb) *Privilège de prêteurs de deniers (PPD)*

Ähnlich der Hypothek, aber weniger belastend. Nur möglich beim Kauf bereits bestehender Gebäude, nicht für noch zu erbauende.

cc) *Le cautionnement*

Eine Versicherung übernimmt das Risiko, im Fall der Zahlungsunfähigkeit zu leisten. Für Käufer mit einem hohen Eigenanteil geeignet.

e) Absicherung des Darlehensnehmers

Sie als Darlehensnehmer werden heutzutage gesetzlich in vielerlei Hinsicht geschützt (*Art. L 321-1 ff. Code de la consommation*). Ihnen müssen beispielsweise detaillierte Informationen über die Bank, die Art des Darlehens, die Höhe der Zinsen und die Kosten des Darlehens insgesamt gegeben werden.

Die Bank übersendet Ihnen zunächst ein Kreditangebot. Hier haben Sie sodann eine Bedenkzeit, den sog. *delai de reflexion,* von 10 Tagen. Vorher dürfen Sie das Angebot nicht annehmen. Die Bank hat das Angebot für mindestens 30 Tage aufrecht zu erhalten.

Weiterhin muss Ihnen die Information gegeben werden, ob und inwieweit Sie Strafzahlungen vornehmen müssen, wenn Sie vor der Kreditlaufzeit den Kredit oder einen Teil davon ablösen. Bei einer solchen Vorfälligkeitsentschädigung kann die Bank ohne weiteres als *pénalité* bis zu 3 % des verbleibenden Kapitals verlangen.

Praxis-Tipp

Die Vorfälligkeitsentschädigung darf bei Kreditverträgen, die nach dem 1.7.1999 geschlossen wurden, nicht verlangt werden, wenn der Kredit aufgrund eines Verkaufes der Immobilie oder aus einem anderen wichtigen Grund zurückbezahlt wird.

Weiterhin wird als Bedingung in den Kreditvertrag das Zustandekommen des Immobilienkaufvertrags aufgenommen: Kaufen Sie aus irgendeinem Grund die Immobilie doch nicht, kommen Sie also auch aus dem Kreditvertrag leicht wieder heraus.

Zuletzt ist das Zustandekommen des Kreditvertrags eine *condition suspensive* (aufschiebende Bedingung) des Immobilienkaufvertrags. Bekommen Sie also keinen Kredit, kommt der Immobilienkaufvertrag nicht zustande. Zwischen dem bindenden Vorvertrag und dem notariellen Beurkundungsakt, dem sog. *acte authentique,* müssen Sie sich allerdings nachweislich um einen Kredit bemüht haben.

3. *Le compromis de vente* – Der Vorvertrag

In Frankreich werden – anders als im deutschen Recht vorgesehen – zwei Verträge geschlossen. Der sog. *compromis de vente* oder *promesse de vente* als Vorvertrag und der notariell beurkundete sog. *acte authentique* als Hauptvertrag.

Praxis-Tipp

Achtung! Der Vorvertrag ist bereits bindend!

Ansonsten ist die Vorgehensweise in Frankreich für den Käufer oder Verkäufer nicht mit großen Formalitäten verbunden. Alle behördlichen Auskünfte und Formalitäten (z. B. Grundbucheinsicht) erledigt der Notar.

Praxis-Tipp: *„lettre d'intention d'achat"* (früher: *„offre d'achat", oder kurz: „offre", auch „proposition d'achat"*)

Sie können dem Verkäufer auch ein bindendes Angebot machen, ein sog. *„lettre d'intention d'achat".* Hier bieten Sie – meist schriftlich – einen bestimmten Kaufpreis an, den Sie bis zu einer bestimmten Frist zu zahlen gewillt sind. Der Verkäufer kann annehmen oder auch nicht. Unterschreibt der Verkäufer, müssen Sie als Käufer den Vorvertrag grundsätzlich zunächst unterzeichnen. Allerdings gibt es hier noch eine Hintertür: Sie können dann innerhalb der Widerrufsfrist *(delai de rétractation)* widerrufen. Richtig bindend ist der *offre* also nur für den Verkäufer.

Haben sich ein Käufer und ein Verkäufer „gefunden", unterschreiben Sie einen formfreien Vorvertrag, der sie beide bindet. Der Verkäufer verpflichtet sich, die Immobilie zu dem genannten Preis an Sie, den Käufer, zu verkaufen. Sie als Käufer dagegen verpflichten sich, die Immobilie innerhalb der nächsten drei Monate zu kaufen – wenn nicht eine der im Vertrag genannten Bedingungen eintreten sollte, z. B. die Gemeinde ihr Vorkaufsrecht ausübt.

a) *Promesse unilatérale de vente* oder *compromis de vente?*

Die *promesse unilatérale de vente* ist – so geht es schon aus dem Namen hervor – ein einseitiges Versprechen des Verkäufers, Ihnen als Käufer die Immobilie zum festgelegten Preis zu verkaufen. Sie als Käufer verpflichten sich zunächst zu nichts. Sie haben nun die Möglichkeit, in aller Ruhe während eines festgelegten Zeitraums, sich für oder gegen die Immobilie zu entscheiden. Entscheiden Sie sich für die Immobilie, dann äußern Sie ihren Kaufwillen *en levant l'option*, in dem Sie diese Option ausüben. Entscheiden Sie sich gegen die Immobilie, üben Sie einfach diese Option nicht aus. Natürlich haben Sie dann für die Reservierungszeit einen Schadensersatz an den Verkäufer zu bezahlen, denn in dieser Zeit konnte er nicht an einen anderen verkaufen. Dieser Schadensersatz *(l'indemnité d'immobilisation)* beträgt grundsätzlich 10 % des Kaufpreises. Aber das ist auch alles: Der Verkäufer kann Sie nicht zum Kauf zwingen. Die *promesse unilatéral de vente* muss beim zuständigen Finanzamt *(Centre d'Impôts)* innerhalb von 10 Tagen nach Unterschrift registriert werden.

Praxis-Tipp

Mit Ausübung Ihrer Option haben Sie Ihren Kaufwillen unwiderruflich, einseitig und definitiv geäußert. Sie haben sich zum Kauf verpflichtet und können es nun nicht mehr rückgängig machen!

Anders dagegen bei der *promesse synallagmatique de vente,* besser bekannt unter dem Namen *compromis de vente:* Hier verpflichten sich beide, Käufer und Verkäufer, der eine zum Kauf und der andere zum Verkauf. Der *compromis de vente* muss nirgendwo registriert sein. Allerdings wird auch hier eine Garantiesumme von grundsätzlich 10 % des Kaufpreises fällig, zahlbar auf das Notaranderkonto bzw. Makleranderkonto, wenn dieser eine entsprechende Bankgarantie vorweisen kann.

Hinweis: *„Promesse synallagmatique de vente"* = *„compromis de vente"*

b) Das Widerrufsrecht – *droit de rétractation*

Der Käufer hat im Rahmen des Verbraucherschutzes ein Widerrufsrecht, wenn der Vorvertrag *(promesse unilatérale de vente* oder *compromis de vente)* ohne Notar geschlossen wurde *(„sous seing privé")* und Sie als Käufer kein professioneller Immobilienmakler oder Ähnliches sind. Sie haben sodann 10 Tage Zeit, um das Rücktrittsrecht auszuüben. Dies steht auch ausführlich am Schluss des *compromis de vente.*

Beispiel:

1.8. Sie unterschreiben in den Räumlichkeiten eines französischen Maklers zusammen mit dem Verkäufer den compromis de vente. Der Verkäufer hat Ihnen sodann per Einschreiben und Rückschein *(„par lettre recommandée avec accusé de réception")* ein Exemplar zu übersenden. Es reicht nicht aus, Ihnen direkt ein Exemplar in die Hand zu drücken, da nur durch die formelle Übersendung Ihr Widerrufsrecht beginnt.

2.8. Der *compromis de vente* erreicht Sie per Einschreiben, und Sie unterschreiben den Rückschein. Erst am Tag darauf fängt die Frist an zu laufen.

3.8. Die 10-Tages-Frist fängt an zu laufen.

12.8. Um Mitternacht ist die 10-Tages-Frist abgelaufen.

Sonderfälle: Fällt der Tag des Fristablaufs auf einen Samstag, Sonn- oder Feiertag, so läuft die Frist am nächsten Werktag um Mitternacht ab.

Praxis-Tipp

Die Garantiesumme von 10 % des Kaufpreises muss erst nach dem Verstreichen der 10-Tages-Frist überwiesen werden.

Übrigens: Sie müssen nicht unbedingt den Vorvertrag im Beisein des Verkäufers unterschreiben. Er kann Ihnen auch – bereits vom Verkäufer unterschrieben – per Einschreiben und Rückschein übersandt werden. Üblich ist mittlerweile auch der Versand per Mail. Sie drucken ihn sich aus, unterschreiben, schicken ihn per Post im Original zum Makler bzw. Verkäufer, letzterer unterschreibt und schickt es Ihnen per Einschreiben und Rückschein durch den Makler wiederum per Post zu. Erst nach Erhalt dieses Einschreibens beginnt die Rücktrittsfrist zu laufen. Mittlerweile gibt es auch hier die Möglichkeit, ein E-Mail-Einschreiben zu versenden, was viel schneller als ein internationales Einschreiben geht.

c) Vorvertrag – privatschriftlich oder vor dem Notar?

Der Vorvertrag muss anders als in Deutschland bei bindenden Immobilienkaufverträgen nicht von einem Notar beurkundet werden. Das hat für Sie zum einen den Vorteil, dass Sie Kosten sparen und dass es schnell geht. Andererseits haben Sie auch keine notarielle Beratung.

d) Die Bedenkzeit vor der Unterzeichnung beim Notar

Auch bei der Unterzeichnung eines notariellen Vorvertrags *(compromis/promesse)* gibt es eine 10-Tages-Frist, die es zu beachten gibt, um sich diesen Schritt zu überlegen. Der Notar schickt Ihnen eine Ausfertigung des Vertrags per Einschreiben und Rückschein *(par lettre recommandée avec accusé de réception)*. Ausnahmsweise kann er Ihnen den Vorvertrag auch persönlich nach Unterschrift gegen Quittung überreichen *(Remise en main propre)*. Dann beginnt die 10-Tages-Frist ab dem nächsten Tag zu laufen.

e) Wer unterschreibt?

Die *promesse unilatérale de vente* also auch den *compromis* unterschreiben Sie als Käufer zusammen mit dem Verkäufer. Kaufen Sie die Immobilie zusammen mit Ihrem Ehegatten, unterschreiben beide, ansonsten nur derjenige, der die Immobilie auch wirklich kauft. Ist auf der einen Seite eine Gesellschaft, z. B. eine *SCI (Société Civile Immobilière)*, wird diese durch den Geschäftsführer vertreten.

Praxis-Tipp

In Frankreich reicht es nicht, einen Vertrag auf der letzten Seite zu unterschreiben. Sie müssen zudem noch jede einzelne Seite (auch die Anlagen) mit den Anfangsbuchstaben Ihres Vor- und Nachnamens unterzeichnen *(„parapher")*, z. B. „FM" für Franz Müller.

Können Sie nicht zum Termin zum Makler oder Notar kommen, um persönlich den Vorvertrag zu unterzeichnen, können Sie einen Vertreter hinschicken. Dies kann entweder eine Person Ihres Vertrauens sein oder z. B. eine Angestellte des Makler- oder Notarbüros.

Der Vertreter braucht eine Vollmacht, eine sog. *procuration,* zusammen mit einer Kopie des Personalausweises von Ihnen, des Vollmachtgebers.

Der Notar oder Makler wird Ihnen jedoch meist eine vorformulierte Vollmacht geben. Einfacher ist es allerdings, alle Beteiligten auf dem Postweg unterschreiben zu lassen, oder, seit neustem auch möglich: per Mail. Sogar Mail-Einschreiben sind mittlerweile nicht mehr selten.

f) Inhalt des Vorvertrags

Der Inhalt des Vorvertrags ist größtenteils vorgegeben.

Auf diese Punkte müssen Sie achten:

Checkliste Inhalt Vorvertrag:

... ***Désignation du bien*** **– Beschreibung der Immobilie**
Genaue Beschreibung der Lage, der Grundstücksgröße, der Wohnfläche (Wohnfläche: muss nur bei Wohnungen angegeben werden.)
Achtung: Wurde die Grundstücksgröße mehr als 5 % zu klein angegeben, haben Sie noch bis zu einem Jahr nach dem Kaufvertrag das Recht auf eine entsprechende Minderung des Kaufpreises.

... ***Le bornage des terrains*** **– Grenzabmarkung**
Bei bestimmten Immobilien muss dem Vertrag ein Dokument über die genaue Grenzziehung beiliegen, allerdings nur bei *lotissements,* einer Immobilie in einer sog. *zone d'aménagement concerté (ZAC)* oder in einer flurbereinigten Zone *(remembrement).*

... **Erklärungen des Verkäufers:**
Der Verkäufer muss erklären,
– ob die Immobilie mit einer Hypothek oder Grundschuld belastet ist,

- wann die Schlüsselübergabe stattfindet (*entrée en jouissance* – grundsätzlich am Tag des Eigentumsübergangs, in Frankreich der Tag des *acte authentique,* in Deutschland der Tag, an dem Sie als Eigentümer ins Grundbuch eingetragen sind),
- ob die Immobilie vermietet oder frei ist,
- ob die Immobilie mit Rauchmeldern versehen ist (ab 8. März 2015 Pflicht),
- ob Dienstbarkeiten auf der Immobilie lasten.

Der Verkäufer muss vorlegen:

- Unterlagen der Hausverwaltung bei Erwerb von Miteigentum, das sog. *carnet d'entretien* bei einem *lot en copropriété,* die letzten drei Eigentümerversammlungsprotokolle,
- Liste der eventuell mit zu verkaufenden Möbel mit Preis

Gutachten des Verkäufers:

... ***Etat parasitaire relatif aux Termites* – Termitengutachten**
Dieses muss erstellt werden, wenn die Immobilie in einem termitengefährdeten Gebiet liegt. Die *préfecture* gibt Auskunft über die Risikogebiete. Das Gutachten darf nicht älter als 6 Monate sein.

... ***Etat des risques d'exposition au plomb (CREP)* – Gutachten über Blei im Baumaterial**
Dieses Gutachten muss der Verkäufer erstellen lassen, wenn die Immobilie vor dem 1.1.1949 erbaut wurde. Die Gültigkeit dieses Gutachtens ist auf ein Jahr begrenzt, wenn es positiv ist. Ist es negativ, gibt es kein „Verfallsdatum" und Sie können es bei einem eventuellen Wiederverkauf wiederverwenden.

... ***Etat de présence au absence de matériaux ou produits contenant de l'amiante* – Gutachten über Asbest im Baumaterial**
Dieses Gutachten muss der Verkäufer erstellen lassen, wenn die Baugenehmigung der Immobilie vor dem 1.7.1997 erteilt wurde. Es ist unbegrenzt verwendbar, also aufbewahren und bei einem eventuellen Wiederverkauf nutzen!

***Diagnostic de conformité éléctrique* – Gutachten über die Elektrizität**
Ab dem 1.1.2009 muss jedem Kaufvertrag zum Schutz des Käufers ein Elektrizitätsgutachten beigelegt werden, wenn das zu bewohnende Gebäude mit einer Elektrizitätsinstallation ausgestattet ist, die älter als 15 Jahre ist. Das Gutachten gilt drei Jahre.

... *Gaz* – **Gutachten über die bestehende Gasinstallation**
Wie beim Elektrizitätsgutachten muss ein Verkäufer einer gebrauchten Immobilie, die eine mehr als 15 Jahre alte Gasinstallation besitzt, ein Gutachten erstellen. Auch hier gilt es drei Jahre.

... *Certificat d'habitabilité* – **Bewohnbarkeitsbescheinigung**
Bei manchen Immobilien muss zunächst eine Bescheinigung vorgelegt werden, die die Bewohnbarkeit (z. B. Mindestdeckenhöhe 2,30 m, mindestens ein Zimmer mit 9 m² Wohnfläche etc.) belegt.

... *Etat des risques naturels et technologiques (R.N.T.E.)* – **Gutachten über die Natur- und technischen Risiken**
Liegt die Immobilie in einem staatlicherseits als potentiell risikogefährdet ausgewiesenem Gebiet (z. B. Waldbrände, Überschwemmungen), muss ein Risikogutachten vom Verkäufer eingeholt werden. Es darf nicht älter als 6 Monate sein.

... *Diagnostic de performance énergétique (D.P.E.)* – **Energiegutachten**
Wie auch in Deutschland, muss der Verkäufer ein Gutachten vorlegen, aus dem der Energieverbrauch der Immobilie hervorgeht.
Achtung: Verpflichtung zu energetischen Sanierung – das neue D.P.E.
Das Gesetz *Loi Energie-Climat* benennt verschiedene Schritte, mit denen Klimaneutralität im Jahre 2050 erreicht werden soll, insbesondere auch den Kampf gegen „energiefressende" Immobilien durch Verpflichtung zur energetischen Sanierung.
Jetzt gelten die Immobilien, die als F oder G gekennzeichnet sind, als *„passoire thermique"* und sollen bis spätestens 2028 komplett energetisch saniert werden. Hierfür gibt es spezielle Finanzierungshilfen, auch für Ferienimmobilienbesitzer (z. B. *Le dispositif Coup de pouce économies d'énergie, Aides des entreprises de fourniture d'énergie (CEE), TVA* 5,5 %, u. U. *Réduction d'impôt Denormandie, Exonération de la taxe foncière,* Anträge und mehr finden sich unter www.economie.gouv.fr/particuliers/aides-renovation-energetique) .
Um das gesetzte Klimaziel zu erreichen, kommen verschiedene Pflichten auf die Immobilieneigentümer zu, die innerhalb bestimmter Zeitgrenzen zu erledigen sind. Die Nichterfüllung hat entsprechende finanzielle Folgen, so dass ein nicht unerheblicher Druck für die Eigentümer erzeugt wird:

- 2021: ab dem 1.1.2021 dürfen Eigentümer von Immobilien, die einen Energieverbrauch ab 331 kWh pro m² und pro Jahr (= klassifiziert im Energieausweis als „F" oder „G"), die Miete nicht mehr erhöhen. Erst nach der Renovierung kann die klassische Anpassung an den INSEE-Index wieder stattfinden.

- 1.7.2021: Eigentümer müssen beim Verkauf oder Renovierung einen neuen Energieausweis vorlegen (s. u.)
- 2022: ab dem 1.1.2022 muss beim Verkauf oder bei der Vermietung eine energetische Prüfung *(„audit énérgetique")* durchgeführt werden, wenn die Immobilie als „energiefressend" („F" oder „G") klassifiziert wurde. Das Ergebnis der Überprüfung muss dem Energieausweis beigefügt werden.
  So erfährt der neue Mieter oder Käufer alles über Vorschläge zur Verbesserung der *performance énérgetique,* zu den entstehenden Kosten, zu Finanzierungshilfen bei energetischer Sanierung und zum finanziell erzielbaren Gewinn durch Einsparung bei den Verbrauchskosten.
- 2022: ab dem 1.1.2022 muss der Käufer oder Mieter vorab bereits in der Immobilienannonce über die Klassifizierungen des Energieverbrauchs und der Treibhausgasimmissionen sowie die jährlichen Energieverbrauchskosten informiert werden.
  Achtung: Fehlt eine Angabe in der Immobilienannonce eines Immobilienmaklers oder sonstigen Professionellen, wird dies mit einer Geldstrafe bis zu 37.500 Euro oder einer Freiheitsstrafe bis zu zwei Jahren geahndet.
- 2023: ab dem 1.1.2023 gelten Immobilien mit einem Energieverbrauch ab 450 kWh /m²/Jahr als nicht annehmbar, als nicht bewohnbar und *„indécent"*. Ein Vermieter muss aber ein *logement décent* bieten, so dass diese Wohnungen oder Häuser dann unvermietbar werden. Eine energetische Sanierung ist dann unumgänglich.
- 2028: ab dem 1.1.2028 darf der Energieverbrauch eines Hauses bzw. einer Wohnung nicht mehr als 330 kWh/m²/Jahr betragen. Eigentümer eines entsprechenden Hauses bzw. Wohnung haben die Verpflichtung zur energetischen Sanierung, um mindestens die Energieklasse „E" im Energieausweis zu erhalten. Wird dieser Verpflichtung nicht nachgekommen, werden (ab 2023 festzulegende) Sanktionen verhängt. Im Kaufvertrag wird dieses Versäumnis festgehalten werden und auf den Käufer kommen entsprechende Kosten zu. Eine Ausnahme wird nur für die besonderen Immobilien in Betracht kommen, die aus technischen, architektonischen oder Denkmalschutzgründen nicht energetisch sanieren können, oder bei denen die Kosten der Sanierung in einem nicht tragbaren Verhältnis zum Wert der Immobilie stehen.

… **Neuer Energieausweis *(„Diagnostic de performance énergétique")* ab dem 1.7.2021**

Beim Verkauf oder bei der Vermietung muss ein neuer, aufwendigerer Energieausweis vorlegt werden, der nun nicht nur informativen Zwecken gilt, sondern anfechtbar ist. Der Inhalt und die Berechnungsmethode sind verändert, der gesamte Energieverbrauch und die Treibhausgas-Emissionen sind gut lesbar aufbereitet.

Es gelten folgende Besonderheiten:

- Als einzige anerkannte Berechnungsmethode gilt nicht mehr die Methode *„sur facture"* (Berechnung anhand der Rechnungen), sondern nur noch die Bewertung aufgrund der Bauweise und Eigenschaften der Immobilie selbst (ihre Isolierung, die Art der Fenster oder die Heizung). Auch neue Parameter wie Beleuchtung, Ventilation, Schutz bei verändertem Klima und bei entsprechenden Wetterphänomenen (z. B. Effekt von Sturm auf die Außenmauern) müssen mit einbezogen werden.
- Bei Mehrfamilienhäusern ist ein einziger Energieausweis ausreichend. Ein Wohnungseigentümer hat aber die Möglichkeit, einen separaten Energieausweis für seine ggf. energetisch sanierte Wohnung erstellen zu lassen.
- Der Eigentümer haftet für die Richtigkeit der Angaben, der Energieausweis ist damit *„opposable"* geworden, ebenso wie der zur Elektrik, zu Asbest und Blei. Im Zweifel kann der Käufer oder Mieter einen eigenen Energieausweis erstellen lassen. Ergibt sich ein Unterschied, ist der Eigentümer ggf. schadenersatzpflichtig.
- Die äußere Form ist leichter lesbar, man erkennt die voraussichtlichen Energiekosten und erhält weitere Informationen, z. B. über Wärmeverluste, Lüftung, Isolierung, Temperatur im Haus oder in der Wohnung im Sommer bzw. Winter, Vorschläge und voraussichtliche Kosten, um eine Energieklasse besser zu werden etc.
- Die Klassifizierung ergibt sich nunmehr aus dem Energieverbrauch in Kombination mit der Treibhausgasemission. Die schlechtere Note gibt den Ausschlag für die Klassifizierung.
- Gültigkeit: 10 Jahre. Energieausweise, die zwischen dem 1.1.2013 und 31.12.2017 ausgestellt worden sind, sind bis zum 31.12.2022 gültig, diejenigen, die zwischen dem 1.1.2018 und 30.6.2021 gefertigt sind, dürfen bis zum 31.12.2024 verwendet werden.

… *Assainissement* – **Gutachten über den Zustand der Sickergrube**

Viele ländliche Immobilien in Frankreich haben heutzutage noch eine Sickergrube und sind nicht an das kommunale Abwassernetz angeschlossen. Durch strenge europäische Regelungen muss jede *fosse septique* bestimmten Normen genügen. Sollte die Sickergrube mangelhaft sein (und das sind die meisten!), müssen Sie als Käufer innerhalb eines Jahres nach Kauf nachbessern – und dass kostet gut und gern € 10.000,00 und mehr. Hier gilt es, sich noch einmal mit dem Verkäufer über den Kaufpreis zu unterhalten oder er möge die *fosse septique* selbst herrichten lassen. Letzteres sollte als Bedingung in den Vorvertrag mit hineingenommen werden.

Praxis-Tipp:

Die Gutachten muss der Verkäufer dem Vorvertrag beifügen, so dass der Käufer sehen kann, zu welchen Ergebnissen die Gutachter gekommen sind. Der Verkäufer übernimmt jedoch keine Verantwortung oder Haftung – die Gutachten dienen nur der Information des Käufers!

… **Schwimmbadsicherung**

Private Schwimmbecken müssen eingezäunt oder in anderer Weise abgesichert werden, ansonsten drohen hohe Geldbußen. Anlass für die Einführung dieser Vorschriften waren Unfälle und Ertrinken *(noyades)* von Kleinkindern in Schwimmbecken. Mögliche Schutzvorrichtungen sind Zugangsschranken *(barrières de protection)* wie Zäune, Abdeckungen *(couvertures/abris)* und Alarmanlagen *(alarmes)*. Der Verkäufer muss Auskunft über die Absicherung des Schwimmbades geben.

Erklärungen des Käufers:

Übernahme der Grundsteuer *(taxe foncière)* ab Datum des *acte authentique* „pro rata temporis“: Der Verkäufer übernimmt die Grundsteuer für das gesamte Jahr, Sie als Käufer zahlen ihm den Anteil ab Kaufdatum zurück. Die *taxe d'habitation* zahlt der Verkäufer allein, wenn er am 1.1. des Jahres die Immobilie bewohnt hat.

... *Conditions suspensives* – **die aufschiebenden Bedingungen**
Die *conditions suspensives* müssen erfüllt sein, sonst kommt der notarielle Vertrag nicht zustande. Der Verkäufer wird von der Verpflichtung frei, Ihnen als Käufer die Immobilie verkaufen zu müssen und Sie müssen diese Immobilie nicht mehr vom Verkäufer erwerben. Das Gute daran für Sie: Sie bekommen die vereinbarte Garantiezahlung zurück!

... *droit de préemption* – **Vorkaufsrecht**
Oftmals hat die Gemeinde ein Vorkaufsrecht bzgl. des Grundstücks, welches Sie gern erwerben möchten. Übt die Gemeinde dieses aus, kommt der Vertrag mit Ihnen nicht zustande, sondern mit der Gemeinde.
Der Notar hat die Aufgabe, vor dem Hauptvertrag die Gemeinde zu informieren und die Verzichtserklärung entgegenzunehmen. Auch der Mieter hat in Frankreich ein Vorkaufsrecht. Weiterhin hat die Organisation *Sociétés d'aménagement foncier et d'établissement rural (SAFER)* oftmals ein Vorkaufsrecht, wenn es sich um ein ländliches Grundstück handelt.

... *condition suspensive d'urbanisme* – **städtebauliche Bedingungen**
Kein Hauptvertrag wird unterzeichnet, wenn nicht der Notar alle städtebaulichen Unterlagen beisammen hat. Nur so werden eventuelle Dienstbarkeiten, Denkmalschutz, Lage im Bebauungsplan und ähnliches sicher festgestellt.

... *obtention du crédit* – **Kreditbewilligung**
Zum Schutz von beiden Seiten ist Bedingung, dass ein gegebenenfalls benötigter Kredit auch tatsächlich von der Bank gewährt wird.
Vergibt die Bank keinen Kredit an den Käufer, platzt damit automatisch der Kaufvertrag.
Benötigt der Käufer dagegen keinen Kredit, muss er dies handschriftlich auf Französisch auf dem Kaufvertrag vermerken. Dafür gibt es eine freie Fläche im Vertrag und einen vorformulierten, meist kursiv gedruckten Text in den Zeilen darüber. Er wird gleichzeitig darüber aufgeklärt, dass er, wenn er nun aus irgendwelchen Gründen doch einen Kredit braucht und ihn nicht bekommt, nicht aus dem Vertrag entlassen wird. Braucht er keinen Kredit, freut das den Verkäufer: ein Risiko weniger, dass der Vertrag platzt.

... *permis de construire* – **Baugenehmigung**
Wird nur der Grund und Boden gekauft, um dort eine Immobilie zu errichten, wird als Bedingung die Baugenehmigung als auflösende Bedingung genannt. Denn was nützt dem Käufer ein unbebautes

Grundstück, wenn er darauf nicht wie gewünscht bauen darf. Der Käufer verpflichtet sich im Vorvertrag, innerhalb einer bestimmten Frist – oftmals 2 Monate – einen Baugenehmigungsantrag zu stellen.

4. Der finanzielle Teil des Kaufvertrags

a) Der Kaufpreis

Zunächst muss nach Verstreichenlassen der Widerrufsfrist grundsätzlich 10 % des Kaufpreises angezahlt werden. Die Summe ist auf ein Notaranderkonto zu überweisen. Im Vorvertrag wird üblicherweise vereinbart, dass diese Summe als *„Garantie"* dem Verkäufer überlassen wird, wenn der Käufer doch noch abspringt. Weiterhin wird sie grundsätzlich als Anzahlung verstanden. Wird die Summe im Vorvertrag jedoch als *arrhes* bezeichnet, gilt neben dem Grundsatz, dass der Käufer die Summe verliert, wenn er ohne rechtfertigenden Grund vom Kauf Abstand nimmt, dass bei einem Rückzieher des Verkäufers dieser die doppelte Summe dem Käufer zurückzahlen muss.

b) Die Strafklausel – *clause pénale*

Teilweise wird in den Vorverträgen eine *clause pénale* mit aufgenommen. Springt eine der Parteien ab, kann die andere Partei entweder die andere zum Vertragsvollzug zwingen oder eine bestimmte Summe als Strafzahlung verlangen. Die Garantie wird darauf allerdings angerechnet.

Achtung!

Wird über die Strafzahlung gerichtlich verhandelt, kann eine zu hohe oder zu niedrige Summe als nichtig angesehen werden. Der Richter kann dann die Höhe selbst festlegen.

5. Der Hauptvertrag – *acte authentique*

Innerhalb der im Vorvertrag festgelegten Frist – üblicherweise drei Monate – hat der Hauptvertrag, der sog. *acte authentique,* zu erfolgen. Innerhalb der Frist holt der Notar die verschiedenen Auskünfte ein (z. B. ob die Gemeinde ein eventuelles Vorkaufsrecht ausüben möchte, Grundbuchauszüge, ob Dienstbarkeiten eingetragen sind etc.).

Praxis-Tipp

Möchten Sie als Käufer vom Kauf Abstand nehmen – beispielsweise aus privaten Gründen – würden Sie die Anzahlung verlieren. Sie können jedoch versuchen, einen anderen Käufer zu finden, der Ihren Platz einnimmt. Sodann tritt der neue Käufer in Ihren Vorvertrag ein, unter denselben Klauseln und Bedingungen – wenn es in dem Vorvertrag die Ersetzungsklausel *(Clause de substitution)* gibt.

Der Kaufpreis muss am Tag der notariellen Beurkundung, d. h. am Tag der Unterzeichnung des *acte authentique* auf dem Notaranderkonto liegen. Der Verkäufer bekommt nach Veröffentlichung im Grundbuch den Kaufpreis überwiesen – was bis zu einem Monat dauern kann.

Achtung!

Das französische Grundbuch ist nicht zu vergleichen mit dem deutschen Grundbuch. Während man in Deutschland mit Eintragung in das Grundbuch Eigentümer wird, ist die Eintragung beim *bureau des hypothèques* nur eine Formalie. Dadurch wird veröffentlicht, dass ein Eigentümerwechsel stattgefunden hat. Dies kann nun Dritten auch entgegengehalten werden. Eigentümer wird man grundsätzlich mit Unterschrift unter den *acte authentique.*

6. Kosten des Kaufs

Insgesamt muss mittlerweile mit fast 8 % Kaufnebenkosten („*frais de notaire*" – damit trotz des irreführenden Namens alle Gebühren, Steuern und Eintragungskosten gemeint) gerechnet werden.

a) Notargebühren

Die Notargebühren belaufen sich auf 1,33 % des Kaufpreises.

Praxis-Tipp

Viele Notare im Elsass sprechen deutsch. Es gibt keine allgemeine Regel, dass man zu dem Notar am Ort der Immobilie gehen muss!

b) Grunderwerbsteuer – *droits de mutation*

Die Grunderwerbssteuer beträgt nach einer kräftigen Erhöhung nun 5,81 % des Kaufpreises. Der Notar rechnet die Steuer aus, verlangt sie und führt sie an die Steuerbehörde ab. Hierin enthalten sind die *taxe departementale*, die *taxe communale* und eine Abgabe an den Staat.

c) Gebühr für die Registereintragung – *contribution de sécurité immobilière*

Diese Gebühr beträgt 0,1 % des Kaufpreises.

7. Der Kauf einer Immobilien als Leibrente – *viager*

a) Der *viager* – eine durchaus interessante Alternative

Der *viager* wird rechtlich verglichen mit einem Spiel oder einer Wette, denn es handelt sich um einen zufallsbedingten Vertrag:

Der Leibrentenkäufer *(débirentier)* kauft vom Leibrentenverkäufer *(crédirentier)* eine Immobilie, zahlt aber keinen Kaufpreis, sondern nur einen gewissen Grundbetrag *(bouquet)*. Zusätzlich wird eine monatlich oder jährlich an den Leibrentenverkäufer zu zahlende Rente vereinbart – bis zum Tod desselben. Das Eigentum geht jedoch schon mit der Unterschrift unter den notariellen Vertrag *(acte authentique)* über.

Das Risiko liegt für den Leibrentenkäufer darin, dass er den Preis der Immobilie nicht im Vorhinein kennt, da er vom Todesdatum des Verkäufers abhängt.

Der Vorteil für den Käufer liegt darin, dass er – möglicherweise – ein „gutes Geschäft" macht. Für den Verkäufer wirkt es sich nachgewiesenermaßen auch auf dessen Gesundheit positiv aus, auch im hohen Alter eine gesicherte „2. Rente" zu haben.

Praxis-Tipp

Der berühmte Fall Jeanne Calment aus Arles

Ein junger Notar witterte ein gutes Geschäft, als er mit der 90jährigen Mme Calment einen ***viager*** für den Kauf einer Immobilie abschloss. Mme Calment überlebte den Notar und wurde sage und schreibe 122 Jahre alt … und steht im Guiness-Buch der Rekorde als älteste Frau, die je gelebt hat!

b) Das Nutzungsrecht des *crédirentier*

Der *crédirentier* (Leibrentenempfänger/Verkäufer) kann sich ein Nutzungsrecht an der Immobilie vorbehalten *(viager occupé)*, dann darf er weiterhin in der Immobilie wohnen. Hierbei wird zwischen *usufruit* (Nießbrauch) und *droit d'usage et d'habitation* unterschieden: Wird ein *usufruit* vereinbart, darf der *crédirentier* sogar vermieten. Das *droit d'usage et d'habitation* ist enger gefasst. Hier darf der Leibrentenempfänger nur selbst darin wohnen. Hier sollte im Vertrag eine Vereinbarung über die Verteilung der monatlichen Fixkosten und verbrauchsabhängigen Kosten getroffen werden.

Wird jedoch ein *viager libre* vereinbart, hat der Leibrentenempfänger gar kein Nutzungsrecht.

c) Vorgehensweise bei einem Kaufvertrag als *viager*

Die Notarkosten, die der *débirentier* zu tragen hat, und die Bedingungen (z. B. Vorvertrag) entsprechen denen eines normalen Immobilienverkaufs. Der *débirentier* zahlt bei Vertragsbeginn eine einmalige Summe (*bouquet*) und im Weiteren monatlich, vierteljährlich oder jährlich die vereinbarte und indexierte Rente bis zum Tode des Empfängers. Die Höhe der Rente und des *bouquets* hängen vom Wert der Immobilie, dem Alter, Geschlecht und Gesundheitszustand des *crédirentiers* ab, und der Art des *viagers* (*libre* oder *occupé*). Wird nur ein Spottpreis vereinbart, ist der Kaufvertrag nichtig. Stirbt der *débirentier*, muss die Leibrente von dessen Erben weiter gezahlt werden.

Übrigens: Es können auch zwei Personen, z. B. ein Ehepaar *crédirentier* sein.

8. Checkliste für den Verkäufer

Für einen eventuellen Hausverkauf sollten Sie folgende Dokumente aufbewahren, die der Makler oder spätestens der Notar von Ihnen verlangen wird:

... *Titre de propriété* – Eigentumsnachweis (Kaufvertrag oder Erbschafts- bzw. Schenkungsurkunde)
... *Statuts* – Gesellschaftsvertrag
... *Cahier des charges de lotissement* – Hauskosten der Wohnsiedlung/*des lotissements*
... *Plan intérieur et coupe* – Grundriss
... *Plan de masse et cadastral* – Katasterplan des Grundstücks

… *Permis de construire* – **Baugenehmigung**

… *Assurance dommages/ouvrage* – **Bauschadenhaftpflicht (bei Neubau)**

… *Certificat de conformité* – **Konformitätsbescheinigung**
Nach Fertigstellung eines Neubaus wird die Konformitätsbescheinigung erteilt, wenn der fertige Bau dem beantragten und genehmigten Bau entspricht.

… *Déclaration d'achèvement des travaux* – **Abnahmeerklärung**

… *Relevé de taxe foncière* – **Grundsteuerbescheid**

… *Relevé de taxe d'habitation* – **Wohnsteuerbescheid**

… *Facture de chauffage EDF/GDF* – **Heizungsrechnung** *Electricité de France/Gaz de France*

… *Etat des risques d'exposition au plomb (CREP)* – **Gutachten über Blei im Baumaterial**
Dieses Gutachten muss der Verkäufer erstellen lassen, wenn die Immobilie vor dem 1.1.1949 erbaut wurde. Wenn es positiv ist, darf es nicht älter als ein Jahr sein. Ansonsten keine Befristung.

… *Etat de présence au absence de matériaux ou produits contenant de l'amiante* – **Gutachten über Asbest im Baumaterial**
Dieses Gutachten muss der Verkäufer erstellen lassen, wenn die Baugenehmigung der Immobilie vor dem 1.7.1997 erteilt wurde.

… *Diagnostic de conformité éléctrique* – **Gutachten über die Elektroinstallation**
Jedem Kaufvertrag muss zum Schutz des Käufers ein Gutachten über die Elektroinstallation der Immobilie beigelegt werden, wenn das zu bewohnende Gebäude mit einer Installation ausgestattet ist, die älter als 15 Jahre ist.

… *Gaz* – **Gutachten über die Gasinstallation**
Hat die Immobilie eine Gasinstallation, die älter als 15 Jahre ist, muss vor Unterschrift unter den Vorvertrag ein Gutachten über den Zustand dieser Installation vom Verkäufer vorgelegt werden.

… *Etat parasitaire relatif aux Termites* – **Termitengutachten**
Dieses muss erstellt werden, wenn die Immobilie in einem termitengefährdeten Gebiet liegt. Die *préfecture* gibt Auskunft über die Risikogebiete. Das Gutachten darf nicht älter als 6 Monate sein.

… *Etat des risques naturels et technologiques (R.N.T.E.)* – **Gutachten über die Natur- und technischen Risiken**

… *Diagnostic de performance énergétique (D.P.E.)* – **Energieausweis**

… *Assainissement* – **Gutachten über den Zustand der Sickergrube**

9. Risiko: Kauf eines „Schwarzbaus“

Ein Käufer, der eine Immobilie erwirbt, die ohne oder teilweise ohne erforderliche Baugenehmigung erbaut, renoviert, erweitert oder saniert wurde, geht ein hohes Risiko ein.

Strafrechtliche Verfolgung, steuerrechtliche Konsequenzen, zivil- und öffentlich-rechtliche Ansprüche sind der Preis, den man unter Umständen für eine „illegal“ gebaute Immobilie zahlen muss, obwohl man als Käufer selbst ja nicht gesetzwidrig gehandelt hat.

Ebenfalls soll der Käufer bedenken, welche Schwierigkeiten er selbst bei einem eventuellen Weiterverkauf hat, denn wer möchte ein illegal errichtetes Haus schon kaufen …

a) € 300.000,00 oder Gefängnisstrafe für den Käufer

Der Bürgermeister (*le maire*) ist verpflichtet, bei einem Verstoß gegen das Baugesetz ein Protokoll zu fertigen und unverzüglich den Oberstaatsanwalt (*procureur de la République*) zu informieren. Bleibt der Bürgermeister untätig, kann der Präfekt einspringen. Im Strafverfahren kann der Strafrichter entweder eine Geldstrafe oder eine Gefängnisstrafe verhängen. Die Geldstrafe (*amende*) wird auf der Basis der illegal erstellten Wohnfläche errechnet: 6.000 Euro pro m², begrenzt auf Euro 300.000,00. Wer hier rechnet, kommt schnell dahinter, dass eine illegale Fläche von knapp 50 m² schon ausreicht, um auf Euro 300.000,00 zu kommen. Die Gefängnisstrafe ist auf zwei Jahre begrenzt.

Zudem verurteilt der Richter den Angeklagten zur Herstellung des ursprünglichen Zustands bzw. Abriss der illegal erbauten Immobilie. Dieses Urteil kann noch 30 Jahre nach der Urteilsverkündung vollstreckt werden. Normalerweise ordnet der Richter zudem ein Zwangsgeld an (ca. € 75,00 pro Tag des Nichthandelns, mehr als € 27.000 pro Jahr!). Erfüllt der Eigentümer nicht selbst das Urteil, kann eine Ersatzmaßnahme vorgenommen werden, das bedeutet, auf Kosten des Eigentümers wird der ursprüngliche Zustand hergestellt bzw. die Immobilie abgerissen.

Die strafrechtliche Verjährung beträgt 3 Jahre ab Bauabnahme bzw. Fertigstellung *(achèvement)*, wobei letzteres vom Angeklagten bewiesen werden muss.

Zwar können strafrechtliche Sanktionen grundsätzlich nur dem auferlegt werden, der die Straftat begangen hat, in diesem Fall also dem Verkäufer. Allerdings treffen die zusätzlich verhängten Auflagen (Abriss, Wiederherstellung des vorigen Zustands) die Immobilie selbst und damit denjenigen, der aktuell Eigentümer ist – also den Käufer. Zudem treffen die strafrechtlichen Folgen auch denjenigen, der von dem Baurechtsverstoß profitiert – der Käufer.

Im Übrigen wird das Urteil auf Kosten des Angeklagten in zwei regionalen Tageszeitungen veröffentlicht.

b) Die Nachbarn können einen Zivilprozess in Gang setzen

Oftmals sind es die Nachbarn, die die Behörden über die fehlende Genehmigung informieren. Bereits während der Bauten können die Nachbarn, falls der Bürgermeister und Präfekt untätig bleiben, das *Tribunal de Grande Instance* (Landgericht) anrufen, und Schadensersatz wegen eines drohenden, sicheren Schadens *(„dommage imminent et certain)* oder einer unerlaubten Störung *(trouble manifestement illicite)* einklagen. Hier kann zur Beweissicherung der sofortige Baustopp angeordnet werden.

Weiterhin kann wegen der Verletzung von baugesetzlichen Regelungen gegen den Eigentümer dahingehend vorgegangen werden, dass dieser den ursprünglichen Zustand wiederherstellen bzw. die Immobilie abreißen lassen muss.

Hier beträgt die gesetzliche Verjährung 10 Jahre ab Abnahme/Baufertigstellung. Die Beweislast trägt wiederum der aktuelle Eigentümer.

c) Steuerrechtliche Konsequenzen

Steuerrechtlich werden sofort alle nicht gezahlten Steuern samt saftigen Verzugszinsen fällig. Hier müssen also beispielsweise Wohnsteuer *(taxe d'habitation)*, Grundsteuer *(taxe foncière)*, die Grunderwerbssteuer, sowie Strom, Gas etc. nachgezahlt werden. Ob hier der Käufer mit zur Kasse gebeten wird, ist strittig, wird aber von vielen Gerichten bejaht.

Die Verjährung beträgt hier 10 Jahre.

d) Verwaltungsrechtliche Konsequenzen

Es besteht weiterhin die Pflicht, eine Baugenehmigung zu beantragen. Hier gibt es auch keine Verjährung, die den Käufer schützen könnte.

Dies trifft insbesondere den Käufer dann, wenn er selbst Erweiterungs- bzw. Renovierungsarbeiten ausführen möchte. Hier kann eine Baugenehmigung nur für eine insgesamt legal errichtete Konstruktion erteilt werden, also muss zunächst eine Baugenehmigung für den illegal errichteten Teil erwirkt werden.

Für nicht legal errichtete Bauten darf gem. Art. L. 111-6 Baugesetzbuch *(Code d'urbanisme)* kein Anschluss an Elektrizität, Wasser, Gas oder Telefon beantragt bzw. eingerichtet werden. Weiterhin darf im Fall eines Schadens (z. B. bei einer Katastrophe: Feuer, Überflutung etc.) der illegal errichtete Bau oder Gebäudeteil nicht mehr identisch aufgebaut werden. Hier besteht insofern eine Ausnahme zur neuen Vorschrift Art. L. 111-3 Baugesetzbuch *(Code d'urbanisme)*, die vorsieht, dass nach einem derartigen Schadensereignis jedes Gebäude wieder aufgebaut werden darf, auch gegen baurechtliche Regelungen, außer der Bebauungsplan sieht eine Bebauung an diesem Standort so nicht vor.

V. Neubau, Umbau und Renovierung einer Immobilie in Frankreich

1. Das Genehmigungsverfahren

Es gibt drei Arten von Genehmigungen:

- *permis de construire* – Baugenehmigung,
- *permis de démolir* – Abrissgenehmigung,
- *permis de aménager* – Anlagengenehmigung.

Eine Baugenehmigung brauchen Sie grundsätzlich für alle neuen Konstruktionen, auch ohne Fundament, für Wohnhäuser, Industriegebäude, Ställe … Informationen erhalten Sie beim Bauamt der Gemeinde, dem *service d'urbanisme.*

a) Welche Genehmigung benötige ich?

aa) Keine Baugenehmigung erforderlich

Für insbesondere folgende Neubauten brauchen Sie gar nichts – weder Baugenehmigung, noch *déclaration*:

- Neubauten bis zu 12 m hoch, bei denen keine begehbare Grundfläche *(surface de plancher* – Grundfläche für Fußböden) entsteht (z. B. Fahnenmast),
- Bauten mit weniger als 5 m^2 Grundfläche (z. B. Gartenhäuschen),
- Schwimmbäder mit einer Bassingrundfläche von kleiner oder gleich 10 m^2,
- Aufstellpools, die nicht fest mit dem Boden verbunden sind,
- Gewächshäuser oder Gerüste mit einer Maximalhöhe von 1,80 m,
- ebenerdige Terrasse,
- Arbeiten im Haus, bei denen keine neue Grundfläche geschaffen, und das äußere Erscheinungsbild und der Zweck der Immobilie (privat, geschäftlich) nicht geändert wird.

bb) *Déclaration préalable* ausreichend

Für folgende Bauten reicht eine einfache, vorab einzureichende Erklärung *(déclaration préalable)* aus:

- wie auch vor der Reform: Bauten mit einer begehbaren Grundfläche von 2–20 m² Grundfläche (*„surface de plancher de construction“ = SPC)*
- Bauten mit weniger als 2 m² *SPC*, die höher als 12 m sind.
- Leichte Wohnstätten verankert auf einem Campingplatz oder Ähnlichem mit weniger als 35 m² Fläche.
- Über 2 m hohe Mauern.
- Schwimmbäder mit einer Bassingrundfläche von maximal 100 m², die nicht abgedeckt sind oder deren Abdeckung weniger als 1,80 m hoch ist.
- Gewächshäuser oder Gerüste zwischen 1,80 und 4 m mit maximal 2000 m² einheitlicher Grundfläche.

In manchen besonders geschützten Gebieten (z. B. Naturreservat, in der Nähe eines historischen Gebäudes etc.) müssen auch folgende, sonst erklärungsfreie Bauten deklariert werden:

- Bauten ohne oder bis 20 m² begehbarer Grundfläche,
- Mauern egal welcher Höhe,
- Umzäunungen.

Eine *déclaration préalable* ist für folgende Arbeiten an Ihrem Gebäude obligatorisch:

- Fassaden-/Verputzarbeiten, die das äußere Erscheinungsbild verändern,
- Änderung der Bestimmung des Bauwerks,
- Innenarbeiten,
- Arbeiten in besonders geschützten Gebieten,
- Schaffung einer neuen Grundfläche zwischen 2 und 20 m²,
- Änderungsarbeiten, die eine Grundfläche von mehr als 10 m² haben.

cc) Baugenehmigung erforderlich – *permis de construire*

Für folgende Arbeiten benötigen Sie z. B. eine Baugenehmigung *(permis de construire):*

- Schaffung einer neuen Grundfläche, die größer ist als 20 m²,
- Änderung der tragenden Bauten oder Fassaden und damit Änderung der Bestimmung des Bauwerks (z. B. Bau einer neuen Etage),
- Änderung des Volumens des Gebäudes durch Maueröffnungen (z. B. Veranda).

Dagegen benötigen Sie für alle Arbeiten an oder in einem historischen Gebäude eine Baugenehmigung.

dd) Anlagegenehmigung – *permis d aménager*

Für alle Arbeiten, Installationen und Anlagen, die nicht an bestehenden Gebäuden ausgeführt werden, benötigen Sie grundsätzlich keine Genehmigung.

Doch auch hier gibt es ein paar Ausnahmen, für die eine *permis d'aménager* (Anlagegenehmigung) benötigt wird – was Sie allerdings eher nicht betreffen wird … :

- Anlage von Golfplätzen,
- Anlage von Campingplätzen etc.

Eine einfache *déclaration préalable* reicht dagegen aus, wenn es sich nur um vorübergehende Anlagen handelt.

Eine Genehmigung für Abrissarbeiten wird nur in besonders geschützten Gebieten verlangt, allerdings können die Gemeinden spezielle Vorschriften erlassen.

b) Verfahren

Gleich nach Einreichen des Antrags in vierfacher Ausfertigung bei der Gemeinde (mit Einschreiben und Rückschein, persönlich oder seit dem 1.1.2022 auch digital) bekommen Sie ein Empfangsbekenntnis, auf dem neben dem Aktenzeichen auch das Datum der voraussichtlichen Antragsablehnung oder Genehmigung vermerkt ist. Diese Frist kann die Gemeinde jedoch aus wichtigem Grund verlängern (Gutachten müsse noch eingeholt werden, Architekt würde noch befragt …). Fehlen Dokumente beim Antrag, muss die Gemeinde Sie unverzüglich nachfordern. Jegliche Korrespondenz ist auch per Mail möglich.

Die (aus wichtigem Grund verlängerbaren) Bearbeitungsfristen sind:

- einen Monat für die *déclarations*,
- 2 Monate für die Abrissgenehmigung und den *permis de construire* für ein freistehendes Haus,
- 3 Monate für die übrigen *permis de construire.*

Insbesondere für die *déclaration* erfolgt die Genehmigung oft stillschweigend. Hören Sie also nichts nach der vermerkten Frist, dürfen Sie loslegen.

Auch der *permis de construire* wird teilweise stillschweigend genehmigt, allerdings bekommen Sie überwiegend eine schriftliche Antwort in der Form eines Beschlusses *arrêté municipal* oder *arrêté préfectoral*. Zur Sicherheit sollten Sie immer eine schriftliche Antwort verlangen.

2. Bauverträge

a) Traum oder Alptraum Neubau?

Immer öfter wird der Traum vom neugebauten Eigenheim/Ferienhaus realisiert. Doch leider werden trotz Verbraucherschutzvorschriften die Nerven und der Geldbeutel von so manchem Hauseigentümer in spe arg strapaziert: Vom Baufortschritt ist nichts zu sehen, die Fenster lassen sich nicht richtig schließen, die Mauer bröckelt, die Handwerker sind nachlässig, man kann mit den Handwerkern mangels Sprachkenntnisse nicht vernünftig kommunizieren, man ist selten vor Ort …

Achten Sie beim Neubau insbesondere auf einen schriftlichen Vertrag, die *garantie de livraison* (Garantie der vertragsmäßigen Erfüllung der Leistung zugunsten des Käufers), korrekte Angaben zur Firma (Bsp. „25 Jahre Erfahrung"), Angaben zum Rücktrittsrecht für Verbraucher und Angaben zur versicherungsrechtlich vorgeschriebenen Garantie für Schäden, vertragsmäßige Erfüllung und Rückzahlung.

b) Kosten und Finanzierung

Wenn man sein eigenes Haus baut, muss grundsätzlich zunächst das Grundstück gekauft werden und sodann der Hausbau an sich gezahlt werden. Jede dieser zwei Etappen zieht Kosten und Gebühren mit sich.

aa) Kosten des Grundstückskaufs

Wie beim Kauf eines „gebrauchten" Hauses wird zunächst auch für das Grundstück ein bindender Vorvertrag geschlossen. Hier haben Sie als Käufer ebenfalls ein 10-tägiges Rücktrittsrecht. Treten Sie nicht zurück, sind 5–10 % des Kaufpreises als Garantiesumme fällig, welche auf den Kaufpreis angerechnet werden. Etwa drei Monate danach wird der notarielle Kaufvertrag *(acte authentique)* beurkundet. Hier fallen wie beim sonstigen Kauf Notargebühren und Steuern an.

bb) Sonstige Kosten und lokale Steuern für den Bau

(1) *Taxe d'aménagement („TA")*

Diese nicht gerade geringe Steuer sollte in der Kostenaufstellung bedacht werden …

Beispiel:
Bei einem Hausbau in der Region Île-de-France werden ab 1.1.2022 929 € pro m² (2021: 870 €) als *„valeur forfaitaire"* berechnet, im übrigen Frankreich 820 € pro m² (2021: 767 €). Für Wohnwagen werden 10.000 € veranschlagt, bei Schwimmbädern 200 € pro m² und bei einem Parkplatz bis zu 5.000 €, 10 € pro m² bei Solaranlagen. Diese Pauschalwerte werden dann in eine Rechenformel eingesetzt (**surface taxable × valeur forfaitaire × taux communal ou intercommunal**) + (**surface taxable × valeur forfaitaire × taux départemental**)

(2) *Versement sous densité („VSD")*
Zusammen mit der *Taxe d'aménagement* erhalten Bauherren Rechnungen von mindestens 3.000 bis 6.000 € insgesamt (*TA plus VSD*).

(3) Versicherung
Jeder Bauherr muss eine Versicherung abschließen, die sog. *„assurance-construction" (assurance dommages-ouvrages).* Diese kostet zwischen 2 und 5 % der Baukosten.

c) Das Grundstück

aa) Wie finde ich das passende Terrain?

Neben Anzeigen in lokalen Blättern, Internet, Sich-Umhören in und auf der Gemeinde, auf Schildern *„à vendre"*, können Sie sich auch an die lokalen *constructeurs de maisons individuelles* (Bauträger) wenden.

bb) Welches Grundstück soll ich nehmen?

Hier ist zunächst zwischen einem sog. *terrain diffus/isolé* oder ein sog. *terrain en lotissement* zu unterscheiden.

Ein *terrain isolé* ist häufig ein von einem privaten Eigentümer zu verkaufendes, unbebautes Grundstück. Es ist weder an das Straßennetz, noch an sonstige Versorgungseinrichtungen (Elektrizität, Wasser, Telefon etc.) angeschlossen. Die Erschließungskosten kommen also zum Gesamtbudget hinzu. Der Vorteil ist, dass Sie nur die städtebaulichen Vorgaben bzw. den Bebauungsplan *(Plan Local d'Urbanisme- PLU-*, früher *Plan d'Occupation des Sols – POS-)* beim Bau beachten müssen. Klären Sie unbedingt die Grundstücksgrenzen *(plan de bornage).*

Ein *terrain en lotissment* ist eine Bauparzelle, die zu einer kommunalen Neubausiedlung gehört und bereits mit dem Straßennetz und den sonstigen Versorgungseinrichtungen verbunden ist. Der sog. *lotisseur* hat das Originalgrundstück gekauft und in Bauparzellen geteilt, die er weiterverkauft. Der *lotisseur* legt die Regeln der Bebauung im *Réglement de lotissement* fest, die strenger als die städtebaulichen sind. Weiterhin gibt es eine Verwaltung des *lotissements,* die sog. *association syndicale,* die alle Eigentümer des *lotissements* vereinigt. Im *Réglement de lotissment* stehen häufig auch andere Regelungen, wie z. B. Verhaltensregeln für die Bewohner (keine Wäsche auf dem Balkon, Mittagsruhe etc.).

cc) Achten Sie auf die natürlichen Bedingungen des Grundstücks!

Die Bodenstruktur ist wichtig für die Basis Ihres Hauses. Am besten eignet sich Felsboden, auch sandiger Boden ist gut. Tonhaltiger Boden ist nicht besonders einfach zu bebauen. Holen Sie sich Expertenrat: Muss ich weitere Arbeiten vornehmen, wie z. B. Trockenlegung eines Gebietes etc.?

Neben der Bodenstruktur sollten Sie abklären, ob das Grundstück in einem Naturrisikogebiet liegt (Überschwemmung, Waldbrand, Erdbeben etc.). Hier können Sie sich an die *Préfecture* wenden oder bei Ihrer Gemeinde nachfragen.

Prüfen Sie weiterhin die Ausrichtung des Grundstücks (Süd-West für viel Sonne), die Hauptwinde, natürliche Schutzvorrichtungen (z. B. Hügel, Hecken, Bäume), die Nähe zum Nachbarn und mögliche Dienstbarkeiten (z. B. Wegerechte) auf dem Grundstück.

Praxis-Tipp

Es ist Aufgabe des Notars, die Dienstbarkeiten vor dem *acte authentique* zu prüfen. Es gibt aber die wahre Geschichte eines deutschen Hauseigentümers, der, als er auf seiner Terrasse einen *café au lait* trinken wollte, merkte, dass das Wegerecht seines Nachbarn direkt an seiner Terrasse vorbeiging … es war über 30 Jahre alt und wurde somit vom Notar nicht geprüft!

dd) Darf ich das Grundstück überhaupt bebauen?

Sie können bei der Gemeinde eine Information zur allgemeinen Bebaubarkeit erhalten, das sog. *certificat d'urbanisme („CU").* Hier werden die Rahmenbedingungen für das Bauvorhaben festgestellt. Es wird innerhalb von zwei Monaten ab Antragsstellung erteilt und gilt ein Jahr. Es wird angeraten, die Baugenehmigung *(permis de construire)* innerhalb dieses Jahres zu stellen.

Praxis-Tipp

Die Bebaubarkeit des Grundstücks sollten Sie als auflösende Bedingung mit in den Kaufvertrag mit hineinnehmen. Falls das „*CU*" eine Bebauung nicht gestattet, können Sie so ohne Verluste aus dem Kaufvertrag aussteigen.

Es wird zwischen dem einfachen „*CU*" *(certificat d'urbanisme d'information)* und dem detaillierten „*CU*" *(CU opérationnel)* unterschieden. Während das einfache CU reine Informationen über die allgemeine Bebaubarkeit enthält, bezieht sich das detaillierte CU bereits auf das konkrete Bauvorhaben. Insofern muss beim Antrag auf das detaillierte CU das genaue Bauvorhaben als Plan beiliegen. Sie bekommen sodann eine Auskunft über Ihr konkretes Bauvorhaben.

Praxis-Tipp

Der vierfach auszufertigende Antrag (Vordruck) ist bei der Gemeinde per Einschreiben mit Rückschein *(lettre recommandée avec accusé de réception)*, digitalisiert oder persönlich mit Beleg abzugeben. Anliegen müssen ein *plan de situation* oder eine geografische Karte 1:25.000 oder ein *plan de cadastre*, ein Plan bzgl. des Bodens *(plan du terrain)* und, wenn ein detailliertes CU beantragt wird, ein Plan bzgl. des Bauvorhabens.

d) Bauherr und Architekt

aa) Wann benötigen Sie einen Architekten?

Sie sind als Bauherr *(maître d'ouvrage)* zunächst frei in der Art Ihrer Vorgehensweise. Haben Sie schon eine relativ konkrete Vorstellung, wie Ihr Traumhaus aussehen soll, können Sie einen Architekten *(architecte – „l'archi")* mit dem Bau beauftragen. Das ist jedoch Pflicht, wenn Sie keine entsprechenden Fähigkeiten haben, die Wohnfläche größer als 150 m² sein soll oder es sich um die Veränderung eines denkmalgeschützten Hauses handelt.

Achtung!

Der Architekt haftet nicht in dem Maße wie ein *constructeur de maison individuelle* und der Architektenvertrag ist nicht den strengen Normen des

Contrat de construction de maison individuelle (CCMI) unterworfen. Hier können Sie allerdings von der Architektenkammer *(Ordre des Architectes)* oder der Architektenvereinigung *(Union nationale des syndicats francais d'architectes)* einen Modellvertrag erhalten. Die Architektenkammer vermittelt auch bei Konflikten zwischen Bauherrn und Architekt.

bb) Architektenvertrag

Der *contrat d'architecte* richtet sich inhaltlich ganz nach Ihren Vorstellungen. Möchten Sie den Architekten nur für eine Planerstellung beauftragen oder gleich für die gesamte Konstruktion?

Jede Möglichkeit dazwischen ist auch denkbar, z. B.

- Erstellung eines Entwurfes für Ihr Haus *(conception du projet de construction)*
- Erstellung von Plänen und Einholung von Kostenvoranschlägen *(établissement des plans et du devis)*
- Einholung der behördlichen Genehmigungen *(assistance pour les démarches administratives)*
- Erstellung der Verträge für die einzelnen Handwerker *(Préparation des projets de contrats avec les différents corps de métier)*
- Bauaufsicht *(coordination des travaux)*
- Unterstützung des Bauherrn bei der Auswahl der einzelnen Handwerkerfirmen und Ausführung der Handwerksverträge *(assistance du maître d'ouvrage pour le choix des entreprises, exécution des contrats d'entreprise)*
- Prüfung der erbrachten Handwerkerleistungen *(vérification des travaux exécutés)*
- Abnahme der Handwerkerleistungen *(réception des ouvrages)*.
- Zeitplan *(délais)*

Jede einzelne Aufgabe können Sie noch genau präzisieren, z. B. wie genau der Plan aussehen soll.

Das Honorar des Architekten ist frei verhandelbar. Es orientiert sich am Arbeitsaufwand und an der Komplexität des Auftrags. Meist liegt der Preis bei etwa 13 % der Baukosten für den Bau eines gesamtes Hauses, allerdings ist auch eine Pauschale möglich. Sie können auch vereinbaren, dass jeweils nach bestimmten Arbeitsschritten ein gewisser Prozentsatz fällig wird, z. B. nach Baufortschritt.

Wird die Baugenehmigung verweigert, weil der Architekt städtebauliche Regeln verletzt hat, muss das Honorar nicht gezahlt werden. Kommt eine zunächst nicht mitbedachte Aufgabe für den Architekten hinzu, wird das Honorar erhöht. Hier ist ein Stundenhonorar möglich oder bei Planskizzen auch eine Quadratmeterpauschale.

cc) Die Haftung des Architekten

Verletzt der Architekt seine vertraglichen Pflichten, haftet er dafür.

- Er ist verpflichtet, seiner Sorgfaltspflicht *(„de moyens“)* zu genügen.
- Er muss alles tun, damit der Auftrag vertragsgemäß ausgeführt wird.
- Er hat Informationspflichten Ihnen als Bauherrn gegenüber (z. B. wenn der Bauplan nach behördlichen Vorgaben geändert werden muss).
- Sie müssen dagegen beweisen, dass der Architekt einen Fehler begangen hat.
- Der Architekt hat eine Haftpflichtversicherung, die für Schäden eintritt.

e) *Le constructeur de maison individuelle* – Generalunternehmer

Am häufigsten wird ein *constructeur de maison individuelle* als Generalunternehmer mit der kompletten Erstellung des Hauses beauftragt. Der *constructeur* verkauft Ihnen generell jedoch nicht das Grundstück.

Praxis-Tipp

Leider hat die Baubranche auch in Frankreich ein paar „schwarze Schafe“. Erkundigen Sie sich vor Ort, beispielsweise auch bei der Bank, nach dem Ruf des ins Auge gefassten *constructeur.*

aa) Der Bauvertrag – *Le contrat de construction de maison individuelle („CCMI“)*

Der *CCMI* obliegt den strengen Kriterien des Gesetzes *loi n° 90-1129 du 19.12.1990,* welches seinen Niederschlag in den *art. L 231-1 ff. Code de la construction et de l'habitation* (Bau- und Wohngesetzbuch) wiederfindet. Der Bauherr soll bestmöglich geschützt werden, deshalb sind diese Vorschriften nicht umgehbar.

(1) *CCMI avec fourniture de plan* und *CCMI allegé*

Es gibt zwei Sorten von CCMIs: den *CCMI avec fourniture de plan* und den *CCMI allegé.* Meist wird ein CCMI *avec fourniture de plan* abgeschlossen, deshalb wird er hier schwerpunktmäßig behandelt. Hierbei handelt es sich um einen Generalunternehmervertrag, bei dem zum einen ein Bauplan vom *constructeur* oder einem Dritten erstellt werden muss und zum anderen sich der *constructeur* zur Bauausführung verpflichtet.

Beim *CCMI allégé* haben Sie bereits einen konkreten Bauplan erstellen lassen und übertragen nur die Bauausführung (oder große Teile davon) dem *constructeur.* In diesem Fall schließen Sie einen *CCMI allegé* mit dem *constructeur* und andere „normale" Werkverträge mit den jeweiligen anderen Handwerkern.

(2) Kein Vorvertrag
Es gibt anders als beim Grundstückskauf nur einen einzigen Vertrag zu unterzeichnen.

Praxis-Tipp

Lassen Sie den *constructeur* erst unterzeichnen, nachdem er sich das Grundstück angesehen hat!

(3) Rücktrittsrecht
Wie beim Grundstücks-Vorvertrag gibt es auch beim *CCMI* ein 10-tägiges Rücktrittsrecht.

(4) Inhalt des CCMI
Der CCMI hat einige Punkte, die gesetzlich vorgeschrieben sind:

- Den vereinbarten Preis und sonstige damit zusammenhängende Punkte
- Regelung bezüglich der Zahlung nach Baufortschritt
- Versicherung, dass das Bauvorhaben den baugesetzlichen Vorgaben entspricht
- Datum des Baubeginns, der Baufertigstellung und der Strafzahlungen/Tag der Fristüberschreitung *(pénalités en cas de rétard* – meist 1/3000 des Kaufpreises pro Tag, wobei jedoch Schlechtwettertage nicht zählen!)
- Genaue Beschreibung des Grundstücks (Oberfläche, Katastereinträge etc.)
- Die technischen Daten des zu erbauenden Gebäudes (auch: Anschluss an Wasser, Elektrizität etc.)

- Regelung, dass sich der Bauherr bei Abnahme von einem Sachverständigen begleiten lassen darf
- Beleg über die Bürgschaft *(Garantie de remboursement)* des *constructeur.* Hier verpflichtet sich ein anerkanntes Kreditinstitut, die Anzahlung an den Käufer zurückzuzahlen, wenn der *constructeur* dies nicht tut. Beispielweise wenn die auflösenden Bedingungen nicht eintreten, der Käufer berechtigterweise zurücktritt oder die Baustelle nicht am festgelegten Tag eröffnet wird. Sobald die Baustelle eröffnet wird, erlischt die *Garantie de remboursement.*

Diese Klauseln, selbst wenn sie im Vertrag vorkommen, sind verboten:

- Die Schlüsselübergabe wird von der vollständigen Kaufpreiszahlung abhängig gemacht. Das würde Sie als Käufer daran hindern, einen Teil des Kaufpreises bei Mängeln zurückzuhalten.
- Zulassung einer Baugenehmigung, die in radikaler Weise vom ursprünglichen Bauvorhaben abweicht.
- Der *constructeur* kümmert sich um die Erlangung eines Kredits für den Käufer. (Ausnahme: wenn die Kreditbedingungen ausdrücklich und ausführlich benannt werden.)
- Die Erstattung der Anzahlung wird davon abhängig gemacht, dass der Käufer mehrere Kreditablehnungen vorlegt.
- Verbot für den Käufer, vor Zahlung der einzelnen Raten die Baustelle zu betreten.

Die folgenden Bedingungen werden als *conditions suspensives* mit in den Vertrag genommen: Fehlt eine von ihnen, ist der Vertrag hinfällig und die Anzahlung muss zurück überwiesen werden.

- Erlangung des Kredits
- Kauf des Grundstücks
- Erlangung der Baugenehmigung
- Erlangung der *Garantie de livraison* (Liefergarantie) von Seiten des *constructeurs.*

  Diese Versicherung haftet, wenn der *constructeur* schlecht, zu spät oder nicht leistet oder in Insolvenz geht.

  Die *Garantie de livraison* beginnt mit der Eröffnung der Baustelle und endet mit vorbehaltloser Abnahme, wenn Sie sich als Bauherr von einem Sachverständigen (z. B. Architekten) begleiten lassen bzw. wenn Sie sich nicht begleiten lassen, 8 Tage nach Abnahme bzw. nach Behebung sämtlicher Mängel.

- Erlangung der Versicherung *dommages-ouvrages („assurance D.O.")* für den Bauherrn. Diese Versicherung haftet für die Mängel, die in die 10-jährige Gewährleistungsfrist fallen *(Garantie décennale)* und muss vor Baubeginn von Ihnen als Bauherrn abgeschlossen werden.

Praxis-Tipp

Es gibt beispielsweise von *UMF (= Union de Maison Françaises, früher UNCMI – Union Nationale des Constructeurs de Maisons Individuelles)* einen Vertrags-Vordruck, der auf der ersten Seite Platz für die *„Conditions particuliers"* lässt (Name und Adresse des *maître de l'ouvrage* und des *constructeur*, Beschreibung des Grundstücks und des Vorhabens, Kaufpreis und Versicherungen, Fristen für den Baubeginn und Fertigstellung, Zahlungsmodalitäten, Finanzierung und Abnahme, sowie Unterschriften). Auf den nächsten Seiten folgen dann die *conditions generales*, die allgemeinen Bedingungen.
Lassen Sie sich den Vertrag dringend übersetzen bzw. erklären, wenn Sie ihn nicht verstehen!

Dem Vertrag müssen folgende Dokumente anliegen:
- Plan des Bauvorhabens
- *La notice descriptive:* Dieser Anhang enthält die technischen Baudaten, die Erschließungsdaten, Material, Kosten, Isolierung etc.

(5) Zahlungsweise
Vor der Unterschrift unter den CCMI darf der *constructeur* keine Anzahlung *(dépôt de garantie)* fordern. Nach Unterschrift kann eine Garantiezahlung von höchstens 3 % des Kaufpreises gefordert werden, die auf ein Anderkonto überwiesen werden muss und dortbleibt, bis die auflösenden Bedingungen erfüllt worden sind. Kann der *constructeur* eine Bürgschaft *(Garantie du remboursement)* vorweisen, kann der Vertrag statt eines Garantiedepots eine Anzahlung von 5 % fordern.

Sodann wird meist gestaffelt nach Baufortschritt gezahlt. In den meisten Fällen sieht dies so aus:
- 5 % bei Vertragsunterzeichnung *(à la signature du contrat)*
- 5 % bei Erlangung der Baugenehmigung *(à la déliverance du permis de construire)*
- 15 % bei Eröffnung der Baustelle *(à l'ouverture du chantier)*

- 25 % bei Fertigstellung der Fundamente *(à l'achèvement des fondations)*
- 40 % bei Fertigstellung der Mauern *(à l'achèvement des murs)*
- 60 % bei Fertigstellung der Außenmauern und des Dachs *(à la mise hors d'eau* – wenn es nicht mehr hineinregnen kann)
- 75 % bei Fertigstellung der Wände und Fenster *(à l'achèvement des cloisons et à la mise hors d'air* – wenn keine Luft mehr hineinkommen kann)
- 95 % bei Fertigstellung der Installations-, Sanitär- und Heizungsarbeiten *(à l'achèvement des travaux de l'équipement, de plomberie et de chauffage)*

Hat der *constructeur* keine *garantie de remboursement*, weichen die Zahlen ab.

In beiden Fällen sind die letzten 5 % spätestens eine Woche nach endgültiger Abnahme *(réception de travaux)* fällig, wenn Sie sich nicht von einem Sachverständigen bei Abnahme haben begleiten lassen.

Gibt es jedoch Mängel bei der endgültigen Abnahme zu verzeichnen *(réserves)*, die schriftlich in einem Protokoll festgehalten werden *(procès-verbal)*, werden die letzten 5 % erst bei endgültiger Mängelbeseitigung fällig.

Der Vertrag kann eine Preisangleichungsklausel *(révision de prix)* beinhalten. Das bedeutet, dass bei Anstieg des Baugewerbeindexes *(Index national de bâtiment – „Index BT 01")* auch der Preis angeglichen wird.

bb) Die Abnahme – *la réception*

Die Abnahme des Hauses *(réception)* ist der Rechtsakt, durch den Sie das Werk des *constructeurs* akzeptieren – mit oder ohne Vorbehalte *(réserves)*. Ab hier beginnt die Mängelgewährleistungsfrist zu laufen. Die Abnahme wird in einem Protokoll festgehalten *(procès-verbal)*.

(1) Wer nimmt ab?

Nur der Bauherr ist befähigt, das Abnahmeprotokoll zu unterzeichnen, welches sodann vom *constructeur* unterschrieben wird. Die Abnahme ist gleichzeitig die Bekräftigung Ihres Willens, das Haus so zu akzeptieren und die Bestätigung, dass es dem ursprünglichen Plan entspricht – es sei denn, Sie nehmen es unter Vorbehalt *(sous réserves)* ab.

(2) Abnahme mit einem Sachverständigen

Die wenigsten von uns sind im Bauhandwerk so bewandert, dass sie alle Mängel entdecken. Lassen Sie sich deshalb von einem Sachverständigen, beispielsweise einem Architekten, zur Abnahme begleiten und lassen Sie das Bauwerk von diesem überprüfen. Bei der Abnahme muss das Bauwerk minutiös begutachtet werden und jeglicher Mangel ins Protokoll eingetragen werden.

(3) Schriftform
Die Abnahme erfolgt in Schriftform in zweifacher Ausfertigung (zuzüglich eine für den Sachverständigen):

- Protokoll der Abnahme *(procés-verbal de réception)*
- Gegebenenfalls mit Mängelliste *(état des réserves)*
- Gegebenenfalls Feststellung der Mängelbeseitigung *(constat de levée de réserves)*

(4) Zeitpunkt der Abnahme
Das Haus muss bewohnbar sein, wenn auch noch mit einigen Mängeln behaftet – dann nehmen Sie es unter Vorbehalt *(sous réserves)* ab. Sie als Bauherr können die Abnahme verlangen, ebenso der *constructeur.*

(5) Einvernehmliche oder gerichtliche Abnahme
Die Abnahme kann einvernehmlich *(amiable)* oder gerichtlich *(judiciaire)* geschehen. Der Gerichtsweg kann von beiden Seiten eingeschlagen werden, wenn einer Aufforderung zur Abnahme (Einschreiben und Rückschein) nicht nachgekommen wurde.

Die Gründe für eine Ablehnung der Abnahme können vielseitig sein. Oftmals ist es beim Bauherrn der Fall, dass so einschneidende Mängel am Bauwerk bestehen, dass das Haus unbewohnbar ist. Der Richter kann dann entweder die Abnahme erklären – wenn auch unter Vorbehalt der Mängelbeseitigung – oder die Abnahme ablehnen und den *constructeur* zur Fertigstellung auffordern.

(6) Rechtsfolge der Abnahme
Mit der Abnahme endet der Vertrag mit dem *constructeur.* Mit der Schlüsselübergabe werden Sie Eigentümer des Hauses. Als Eigentümer hat man Verantwortung: Sie tragen die Gefahr bei Feuerschäden, Überschwemmungen, Diebstahl etc.

Praxis-Tipp

Sorgen Sie rechtzeitig für den Abschluss einer entsprechenden Gebäudeversicherung, einer sog. *assurance multirisque-habitation.*

Weiterhin sind nun die letzten 5 % des Kaufpreises fällig, wenn Sie vorbehaltlos das Bauwerk abgenommen haben. Haben Sie sich bei der Abnahme von einem Sachverständigen begleiten lassen, sind die letzten 5 % am Tag der Abnahme fällig, ansonsten 8 Tage später.

Haben Sie jedoch unter Vorbehalt *(sous réserves)* das Bauwerk abgenommen, werden die letzten 5 % erst am Tag der endgültigen Mängelbeseitigung fällig. Bis dahin haben Sie die 5 % an einen Treuhänder zu überweisen, der entweder von beiden Parteien einvernehmlich bestimmt wird oder vom Gericht. Erst nach erfolgreicher Mängelbeseitigung stehen dem *constructeur* die letzten 5 % des Kaufpreises zu.

Praxis-Tipp

Bauen Sie vor und vereinbaren Sie den unabhängigen Treuhänder bereits im Vertrag.

cc) Was tun bei Mängeln?

Bei Mängeln, die das Haus nicht unbewohnbar machen, können Sie das Bauwerk zunächst abnehmen. Allerdings nehmen sie das Haus unter dem Vorbehalt der Mängelbeseitigung ab *(réception sous réserves)* und erstellen neben dem Abnahmeprotokoll eine detaillierte Liste der Mängel *(état des réserves).*

Praxis-Tipp

Nach der Abnahme haben Sie 8 Tage Zeit, um Mängel/Vorbehalte *(réserves)* per eingeschriebenen Brief mit Rückschein *(lettre recommandée avec accusé de réception)* geltend zu machen. Lassen Sie sich bei der Abnahme jedoch von einem Sachverständigen unterstützen, entfällt diese Wochenfrist. Etwaige Mängel müssen sofort am Tag der Abnahme geltend gemacht werden, eine Fristverlängerung gibt es nicht.

Formulierungsbeispiel: Mängel, die innerhalb von 8 Tagen nach Abnahme gerügt werden – Brief an den *constructeur*

„*Lettre recommandée avec AR*
Madame, Monsieur,
Je vous informe que j'ai constaté un certain nombre de malfaçons dans la maison sise : … (Adresse des Hauses einfügen)
qui a fait l'objet d'une réception des travaux le … (Datum der Abnahme einfügen)
En effet, (Mängel aufzählen): …
En application de l'article L 231-8 – alinéa 1 – du Code de la Construction et de l'Habitation, lorsque l'acquéreur a omis de mentionner certains désordres lors de la réception, il a la possibilité de les signaler dans les 8 jours qui suivent la remise des clefs.
En conséquence, je vous demande de bien vouloir remédier à ces défauts dans les plus brefs délais.
Je vous signale, par ailleurs, que je me tiens à votre disposition pour convenir d'un calendrier d'exécution des travaux.
Dans cette attente, je vous prie d'agréer, Monsieur, l'expression de mes sentiments distingués.
(Unterschrift)"

Lässt der *constructeur* diese Mängel innerhalb der von Ihnen genannten Frist nicht beheben, können Sie entweder die Arbeiten von einem von Ihnen beauftragten anderen Handwerker ausführen lassen. Der Nachteil: selbst wenn Sie vom *constructeur* den Schaden rechtlich ersetzt bekommen müssen, müssen Sie in Vorleistung gegenüber dem neuen Handwerker gehen. Sie können sich aber auch an die Versicherung des *constructeurs* wenden *(Garantie de livraison).* Die Versicherungspapiere müssen Ihrem CCMI beiliegen.

Formulierungsbeispiel: Schreiben an den Versicherer/Bank bzgl. *Garantie de livraison*

„*Lettre recommandée avec AR*
Madame, Monsieur,
Malgré mes différentes relances et ma mise en demeure en date du … (Datum des Schreibens der Mahnung an den *constructeur*, Schreiben als Anlage beifügen), *le constructeur n'a toujours pas remédié aux désordres constatés lors de la réception des travaux intervenue le* … (Datum der Abnahme).

En conséquence, je vous demande, conformément à l'article L 231-6 du Code de la Construction et de l'Habitation, de mettre en demeure le constructeur d'exécuter rapidement les travaux.
Vous souhaitant bonne réception de la présente, je vous prie de croire, Monsieur, à l'assurance de ma considération distinguée.
(Unterschrift)“

Wurden bei Abnahme Mängel festgestellt *(réserves)* und diese nicht behoben, setzt der Versicherer, informiert von Ihnen als Bauherrn, den *constructeur* mit eingeschriebenem Brief nochmals in Verzug. Bleibt diese Mahnung 14 Tage lang fruchtlos, bestimmt der Versicherer unter seiner Verantwortung den Handwerker, der die Mängelbeseitigung durchführt. Ist das Haus schon mit einem Dach versehen, kann die Versicherung die Auswahl der Handwerksfirma auch dem Bauherrn überlassen.

Nach ausgeführter Mängelbeseitigung muss dies zusammen mit dem *constructeur* schriftlich durch den *constat de levée de réserves* bestätigt werden. Es handelt sich nicht um eine erneute Abnahme, sondern nur um eine einfache Feststellung, dass nun die Mängel beseitigt worden sind. Erst dann sind die letzten 5 % des Kaufpreises fällig. Kann diese Feststellung nicht einvernehmlich vorgenommen werden, muss das Gericht dies feststellen. Zuständig ist das *Tribunal de Grande Instance.*

Haben Sie die Mängel zu spät entdeckt und ohne Vorbehalte abgenommen, gibt es kein Recht auf Mängelbeseitigung.

Beispiel:

Zwei Wochen nach der vorbehaltlosen Abnahme entdecken Sie, dass das Badezimmer in quietschgrün statt wie vertraglich ausdrücklich vereinbart in altrosa gestrichen wurde. Für einen Mängelgewährleistungsanspruch ist es jetzt zu spät.

In drei Fällen wird jedoch eine Ausnahme gemacht:

- Das Abnahmeprotokoll wurde nicht wie vorgeschrieben erstellt, z. B. fehlt Ihre Unterschrift.
- Selbst wenn Sie vorbehaltlos abgenommen haben, können Sie noch Schadensersatz wegen verspäteter Baufertigstellung verlangen.
- Wenn leichte Mängel, die nicht in die Mängelliste aufgenommen worden sind, sich über die Zeit verschlechtern, gibt es noch die zwei- bzw. zehnjährige Gewährleistungsfrist.

dd) Werkvertrag mit einem Unternehmer

(1) Werkvertrag

Haben Sie beispielsweise sich den Plan von einem Architekten erstellen lassen und möchten nun nur einzelne Gewerke oder überhaupt nur einzelne Leistungen von einem Handwerker erstellen lassen (z. B. einzelne Renovierungsarbeiten), so handelt es sich um einen normalen Werkvertrag, der im Code Civil geregelt ist. Nur wenn größere Arbeiten vorgenommen werden sollen, wie z. B. *„hors d'eau"* oder *„hors d'air"* (Fundamente, Mauern und Dach bzw. auch Fenster) oder Hausbau ohne Planerstellung, sind die strengen Käuferschutzvorschriften des *CCMI* anwendbar.

Von einem solchen individuellen Werkvertrag können Sie nicht innerhalb einer Wochenfrist zurücktreten wie beispielsweise beim CCMI, es sei denn, dies wird ausdrücklich vereinbart. Nur wenn Ihr Kredit nicht bewilligt wurde, berechtigt Sie das zum Rücktritt.

Der Vertrag muss einen detaillierten Kostenvoranschlag und Pläne (welches Material wird verwendet? Wie viel? Welche Arbeiten fallen genau an? etc.) enthalten, sowie den exakten Preis für die Werkleistung. Hier kann entweder eine Pauschale vereinbart werden, die unter Umständen erhöht werden kann, wenn beispielsweise die Materialien teurer sind als erwartet. Die andere Möglichkeit ist, den Kostenvoranschlag als Preisindikation zu sehen und erst nach Fertigstellung den konkreten Preis zu kennen und zu zahlen. Weiterhin muss der Vertrag die Frist zur Fertigstellung enthalten, sowie fakultativ eine Strafklausel für die verspätete Fertigstellung.

Beispiel für eine Verspätungs-Strafklausel:

„Si, du fait de l'entrepreneur, la réception ne peut avoir lieu dans les délais prévus, l'entrepreneur versera au maître d'ouvrage une indemnité de € 150,00 par jour du retard. En cas de retard de paiement par le maître d'ouvrage, celui-ci sera redevable d'intérêts moratoires au taux de 1 % par mois de retard, après mise en demeure par lettre recommandée avec accusé de réception."

Weitere Punkte, die der Vertrag enthalten sollte:

- Fälligkeit des Werklohns (z. B. nach Baufortschritt)
- Haftpflichtversicherung des Werkunternehmers
- Versicherung des Bauherrn *(dommages-ouvrages)*
- Klausel, dass bis zur vollständigen Mängelbeseitigung 5 % des Kaufpreises zurückbehalten werden können

(2) Was tun bei Mängeln?
Zunächst müssen Sie den Werkunternehmer sofort mit eingeschriebenem Brief auf die Mängel hinweisen und ihn unter Fristsetzung zur Beseitigung auffordern. Gleiches gilt, wenn der Werkunternehmer gar nicht erst anfängt oder in Verzug mit den Arbeiten ist. Verlässt der Werkunternehmer gar die Baustelle ohne vertragsgemäß weiter zu arbeiten und bleibt eine Mahnung Ihrerseits fruchtlos, wenden Sie sich an einen sog. *huissier* (eine Art Gerichtsvollzieher), der das Verlassen der Baustelle *(abandon du chantier)* offiziell feststellt. Dann können Sie sich in einem relativ einfachen Gerichtsverfahren an den *juge des référés* (eine Art Schlichter) wenden, der den Unternehmer zur Ausführung des Vertrages verurteilt.

ee) Die verschiedenen Gewährleistungsrechte

Sie sind als Bauherr geschützt und haben verschiedene Gewährleistungsrechte gegen den Unternehmer.

(1) *Garantie de parfait achèvement* für versteckte Mängel bis zu einem Jahr nach Abnahme

Hier ist streng zwischen den offenen, bereits im Abnahmeprotokoll zu erwähnenden Mängel und den versteckten, erst bis zu einem Jahr nach Abnahme entdeckten Mängeln zu unterscheiden.

Die offenen Mängel müssen Sie bereits im Abnahmeprotokoll bzw. im *état des réserves* festhalten, ansonsten verlieren Sie das Mängelgewährleistungsrecht. Für andere Mängel, die bei Abnahme nicht offensichtlich waren, sondern erst später von Ihnen entdeckt werden konnten, haben Sie ein Jahr Zeit, diese dem Unternehmer per eingeschriebenen Brief mit Rückschein zu melden.

Formulierungsbeispiel Brief an Unternehmer bzgl. versteckter, erst im auf die Abnahme folgenden Jahr entdeckter Mängel/ Aufforderung zur Mängelbeseitigung

„*Lettre recommandée avec AR*

Madame, Monsieur,

Par acte en date du … (Datum des Vertrags) *, j'ai* … (Inhalt des Vertrags mit dem Unternehmer, z. B. *conlcu avec vous un contrat sur la construction d'un veranda) qui a fait l'objet d'une réception le et dont votre entreprise a assuré les travaux de* … (Datum der Abnahme)

Toutefois, j'ai constaté les malfaçons suivantes : ... (Auflistung sämtlicher Mängel)
En conséquence et conformément à l'article 1792-6 du Code Civil, je vous demande de bien vouloir faire jouer la garantie de parfait achèvement que tout entrepreneur doit au maître d'ouvrage.
Par ailleurs, sachez que je reste à votre disposition pour convenir d'un rendez-vous afin que vous puissiez évaluer les désordres et fixer un calendrier d'exécution des travaux.
Dans cette attente, je vous prie d'agréer, Monsieur, mes sentiments distingués.
(Unterschrift)"

(2) *La Garantie de bon fonctionnement* für untrennbar mit dem Haus verbundene Gegenstände: 2 Jahre

Mängel an den Gegenständen, die untrennbar mit dem Haus verbunden sind *(les élements d'équipement dissociables)*, jedoch keine Gefahr für die Standfestigkeit oder die Bewohnbarkeit des Hauses an sich darstellen, fallen unter die *Garantie de bon fonctionnement*, die bis zwei Jahre nach Abnahme geltend gemacht werden kann.

Beispiel:

- Fensterläden, Türen, Heizung ...

Sie haben dann den Unternehmer per Einschreiben mit Rückschein zur Mängelbeseitigung aufzufordern. Reagiert der Unternehmer nicht, regen Sie vor Gericht eine sog. *„procédure en référé"* an. Der Richter wird den Unternehmer recht schnell verurteilen. Dieses Verfahren muss innerhalb der Zwei-Jahres-Frist angeregt werden.

(3) *La garantie décennale* – Die 10-Jahres-Garantie

Die 10-Jahres-Garantie, die sog. *Garantie décennale,* betrifft die Schäden mit größerem Ausmaß. Dies sind insbesondere:

- *Dommages qui compromettent la solidité de l'ouvrage* – Mängel, die die Standfestigkeit des Bauwerks betreffen
  z. B. Zusammenstürzen des Kamins, undichtes Dach etc.
- *Dommages qui rendent la maison impropre à sa destination* – Mängel, die das Haus unbewohnbar machen
  Hier gibt es viel Rechtsprechung, die Richter entscheiden jedoch immer im Einzelfall.
  z. B. Mängel an der Elektrik, die ein Brandrisiko beinhalten

Seien Sie darauf gefasst, dass der Unternehmer bzw. seine Versicherung oftmals *„force majeur"* – höhere Gewalt, wie Unwetter etc. – geltend macht.

(4) Zusammenfassung

Garanties de parfait achèvement	*Garantie de bon fonctionnement*	*Garantie décennale*
ein Jahr	zwei Jahre	10 Jahre
Alle angezeigten Mängel, die – im Abnahmeprotokoll in dessen Anlage „état de réserves" genannt wurden (offene Mängel) – per Einschreiben mit Rückschein ein Jahr nach Abnahme mitgeteilt wurden (versteckte Mängel)	– Fenster und Türen – Sanitärinstallation – Heizungsinstallation – Elektrik – Malerarbeiten – …	– Risse im Mauerwerk – Wasserdurchlässigkeit – Mängel in der Kanalisation – Isolierungsmängel – …

ff) Die verschiedenen Versicherungen

Es gibt im Mängelgewährleistungsrecht insbesondere zwei Versicherungen, die vom Gesetzgeber zwingend vorgesehen sind: die *Assurance de responsabilité professionelle* des *constructeur* und die *Assurance dommages-ouvrages* des Bauherrn.

(1) *Assurance de responsabilité professionnelle*

Jeder *constructeur* ist verpflichtet, eine Berufshaftpflichtversicherung einzugehen. Diese Versicherung haftet insbesondere für Schäden, die unter die *Garantie décennale* fallen.

Allerdings ist es für den Privatmann nicht immer einfach, hier im Endeffekt für seinen Schaden eine Zahlung zu erhalten. Deshalb hat der französische Gesetzgeber die *Assurance dommages-ouvrages* vorgesehen.

(2) *Assurance dommages-ouvrages (D.O.)*

Diese springt zunächst ohne Verschuldensprüfung ein und zahlt die Reparaturarbeiten, die in die *Garantie décennale* – und nur diese! – fallen. Schäden der *Garantie de parfait achèvement* oder Schäden der *Garantie de bon fonctionnement* fallen also nicht darunter.

Sie als Bauherr haben die Pflicht, diese Versicherung abzuschließen.

Sie tritt grundsätzlich erst nach Ablauf der einjährigen *Garantie de parfait achèvement* in Kraft und läuft 10 Jahre.

Ausnahmsweise hat die sog. „*D.O.*" schon früher ein Anwendungsfeld:
- vor Abnahme, wenn der *constructeur* nach formeller Inverzugsetzung keine Regung gezeigt hat und Sie vor Gericht die Lösung vom Vertrag erwirkt haben
- nach Abnahme aber vor Ablauf eines Jahres, wenn der *constructeur* seiner Pflicht zur Mängelbeseitigung nicht nachkommt und die Mängel solche sind, die in die *Garantie décennale* fallen

Der Ablauf gestaltet sich sodann wie folgt:
- Sie informieren die Versicherung per eingeschriebenen Brief mit Rückschein
- Die Versicherung schickt einen Sachverständigen
- Die Versicherung zahlt einen Schadensersatz, wenn die Eintrittspflicht bejaht wird

gg) Nach der Baufertigstellung

Nach Baufertigstellung und Abnahme haben Sie noch zwei Formalitäten zu erledigen:

(1) *Déclaration d'achèvement des travaux*

Jeder, der eine Baugenehmigung erlangt hat, muss 30 Tage nach Baufertigstellung in dreifacher Ausfertigung per eingeschriebenen Brief mit Rückschein eine Erklärung bei der Gemeinde abgeben, dass der Bau abgenommen und fertiggestellt ist.

(2) *Certificat de conformité*

Innerhalb von drei Monaten nach Erhalt der *déclaration d'achèvement* muss die Gemeinde (bzw. der Präfekt) Ihnen das *Certificat de conformité* ausstellen, wenn der Bau gemäß der Baugenehmigung durchgeführt wurde.

Praxis-Tipp

Nutzen Sie die Möglichkeit der Grundsteuerbefreiung: Beantragen Sie innerhalb von einer Frist von 90 Tagen nach Abnahme eine Befreiung von der Grundsteuer für die nächsten zwei Jahre!
Informationen erteilt das *centre des impôts fonciers.*

3. Finanzierungshilfen

Zur Erreichung des Klimaziels stellt der französische Staat verschiedene Finanzierungshilfen für die *rénovation énérgetique* zur Verfügung:

… ***MaPrimeRénov:***
Seit dem 1.1.2020 wurde der *crédit d'impôt transition énergétique* und die Hilfen der *Agence nationale de l'Habitat (ANAH)* zusammengefasst. MaPrimeRénov' ist für alle gedacht, auch Wohnungseigentümergemeinschaften und Vermieter. Die Prämie wird aus den Einkünften des Antragstellers und dem voraussichtlichen ökologischen Gewinn errechnet. Die Immobilie muss allerding den Hauptwohnsitz darstellen, was sie für Auslandsimmobilienbesitzer uninteressant macht.

… **„*Habiter mieux sérénité*" der *Agence nationale de l'Habitat (ANAH)***
„*Habiter mieux sérénité*" ist eine Finanzierungshilfe der ANAH für finanziell bedürftige Haushalte. Die Hilfe ist auf 18.000 Euro begrenzt und wird proportional zum Arbeitsaufwand bewilligt. Bei nur sehr geringen eigenen finanziellen Mitteln ist dies eine Möglichkeit zur energetischen Sanierung für Häuser und Wohnungen, wenn diese Immobilie den Hauptwohnsitz darstellt.

… ***Eco-prêt à taux zéro:***
In Betracht kommt der „Null-Zinsen-Kredit" für Privatpersonen (Vermieter oder Eigentümer, auch in *copropriété)* und für Gesellschaften, in denen mindestens ein Gesellschafter eine natürliche Person ist. Allerdings muss auch diese Immobilie den Hauptwohnsitz darstellen. Der Kreditrahmen beträgt höchstens 50.000 Euro.

… ***Le dispositif Coup de pouce économies d'énergie***
Diese Hilfeleistung ist für alle Haushalte, die zur grünen Renovierung weit höherer Mittel bedürfen. Zu unterscheiden sind die Hilfen zur Heizungsrenovierung und diejenigen für die Isolierung. Die Prämien werden vor allem von Energieunternehmen vergeben und gelten auch für Ferienimmobilien.

… ***Chèque énergie pour aider à payer des facture d'énergie ou des travaux de rénovation***
Diese Energie„gutscheine" sind für Haushalte mit sehr beschränkten Mitteln gedacht, die damit ihre Energiekosten bezahlen oder eine bescheidene energetische Verbesserung vornehmen können.

… ***Aides des entreprises de fourniture d'énergie (CEE)***
Im Rahmen von *Certificats d'Economies d'Energie (CEE)* geben Energieunternehmen wie *EDF, Engie, Total* Hilfen zur Energiesanierung, unter der Bedingung, dass sie von einem Spezialisten *(„RGE" – Garant de l'environment)* vorgenommen wird.
Die Unternehmen können so belegen, dass sie ihre Kunden zu klimafreundlichem Verhalten anregen. Die Hilfe ist für alle Eigentümer und Mieter gedacht, für Erst- und Zweitwohnsitz und können in der Erstellung von Gutachten (*diagnostics)* liegen, in Vorschlägen zur Sanierung, Vermittlung von Spezialisten, einem Kredit oder einer Prämie (Senkung der Rechnung, Gutscheine …).

… ***TVA 5,5 %***
Für Arbeiten der Verbesserung der energetischen Qualität wird nur eine Umsatzsteuer von 5,5 % verlangt. Profitieren können Eigentümer, Vermieter, Mieter und SCIs. Die Immobilie muss vor mehr als 2 Jahren abgenommen worden sein und den Hauptwohnsitz oder Zweitwohnsitz darstellen.

… ***Réduction d'impôt Denormandie***
Diese Finanzierungshilfe ist noch bis zum 31.12.2022 zu beantragen. Hier können Privatpersonen beim Kauf einer renovierungsbedürftigen Immobilie in einigen Gegenden von einer Verminderung der Einkommensteuer profitieren – insofern nur interessant für vermietende Ferienimmobilienbesitzer in einer von den 222 betroffenen Städten.

… ***Exonération de la taxe foncière***
Einige Kommunen und *départements* bewilligen eine befristete teilweise oder vollständige Befreiung von der Grundsteuer, während der Immobilieneigentümer energetisch renoviert. Die Immobilien müssen vor 1989 abgenommen worden sein oder vor 2009 mit einer schlechten Energieeffizienzklasse.

… ***Aides locales***
Neben den nationalen Hilfen gibt es auch lokale Hilfen, zu finden über die Website der *Agence nationale pour l'information sur le logement (ANIL)*.

Für Ferienimmobilienbesitzer kommen also in Betracht:
- *Le dispositif Coup de pouce économies d'énergie*
- *Aides des entreprises de fourniture d'énergie (CEE)*
- *TVA* 5,5 %

- u. U. *Réduction d'impôt Denormandie*
- *Exonération de la taxe foncière* und
- *Aides locales*

Anträge und mehr finden sich unter www.economie.gouv.fr/particuliers/aides-renovation-energetique.

VI. Steuern

Das immer wiederkehrende Thema für deutsche Eigentümer mit einer Ferienimmobilie in Frankreich ist das Thema Steuern. Wo, wann, wie viel und an welchen Staat zahle ich Steuern für meine Immobilie? Zahle ich an den französischen Staat oder an den deutschen? Oder sogar an beide?

1. Die deutsche Besteuerung

a) Keine Meldepflicht beim Kauf der eigengenutzten Ferienimmobilie

Zunächst stellen Sie sich als Käufer einer französischen Ferienimmobilie möglicherweise die Frage, ob Sie diesen Kauf aus irgendwelchen Gründen dem deutschen Finanzamt melden müssen. Allein der Erwerb einer Auslandsimmobilie ist jedoch nicht zu melden, auch nicht die Eigennutzung. Anders war es früher, wenn Sie diese Ferienimmobilie vermietet hatten, denn hier unterlagen die daraus erzielten Einkünfte der deutschen Besteuerung mit Progressionsvorbehalt. Diese Vorschriften sind jedoch weggefallen (siehe unten).

Weiterhin ist auch beim Verkauf der eigengenutzten Immobilie keine Steuer an den deutschen Fiskus zu zahlen.

b) Keine deutsche Steuerpflicht bei einer vermieteten französischen Ferienimmobilie

Erzielten Sie einen Gewinn, weil Sie Ihre nur in den Ferien genutzte Immobilie in der Zwischenzeit vermieteten, war dies in der deutschen Einkommenssteuererklärung anzugeben. Hier konnte man als Vermieter nachweisen, dass auch beispielsweise Reisekosten im Zusammenhang mit der Vermietung standen. Da diese Steuerpflicht jedoch weggefallen ist, ist auch die Möglichkeit, hier Kosten der französischen vermieteten Immobilie abzusetzen, weggefallen.

Beispiel:

Herr und Frau Schmidt schaffen es nicht mehr so oft, in ihr Häuschen nach Frankreich zu fahren und vermieten es deshalb an Feriengäste. Dadurch haben sie im Jahr € 10.000,00 zusätzlich zu den ca. € 50.000,00 deutschen Einkünften.

Muss das Ehepaar Schmidt die Mieteinnahmen in Deutschland versteuern?

Nein, nur in Frankreich.

c) Deutsche Steuerpflicht beim Verkauf einer vermieteten Ferienimmobilie

Auch beim Verkauf muss zwischen der eigengenutzten und der vermieteten Ferienimmobilie unterschieden werden.

Der Gewinn aus einer privaten Veräußerung einer eigengenutzten französischen Immobilie interessiert den deutschen Fiskus nicht: gem. § 23 I Nr. 1 EStG sind Veräußerungsgewinne aus dem privaten Verkauf von ausländischen oder inländischen Immobilien, die im Zeitraum zwischen Anschaffung oder Fertigstellung und Veräußerung ausschließlich zu eigenen Wohnzwecken oder im Jahr der Veräußerung und in den beiden vorangegangenen Jahren zu eigenen Wohnzwecken genutzt wurden, von der Besteuerung ausgenommen.

Beim Verkauf der vermieteten Ferienimmobilie unterliegt allerdings der Gewinn aus dem Verkauf in Deutschland dagegen dem Progressionsvorbehalt, wenn der Verkauf innerhalb der sogenannten Spekulationsfrist von zehn Jahren erfolgt.

Beispiel:

Herr und Frau Schmidt aus dem Beispiel verkaufen die vermietete Ferienimmobilie nach fünf Jahren und machen durch die gestiegenen Immobilienpreise an der Côte d'Azur einen hübschen Gewinn.

Muss das Ehepaar Schmidt den privaten Veräußerungsgewinn versteuern?

Antwort: Ja. Der private Veräußerungsgewinn der französischen vermieteten Immobilie unterliegt der Einkommenssteuer, allerdings wendet der deutsche Fiskus hier die sog. Freistellungsmethode mit Progressionsvorbehalt an. Das bedeutet, dass diese Einnahmen zwar von der Besteuerung „freigestellt" sind, dafür aber für die restlichen Einkünfte der höhere Steuersatz zur Anwendung kommt, der ansonsten für beide Einnahmen zur Anwendung käme.

d) Erbschafts- und Schenkungssteuer in Deutschland

Erwerben Sie unentgeltlich durch Erbschaft oder Schenkung ein Vermögen, zu dem auch eine französische Immobilie gehört, gilt: Gem. § 2 ErbStG sind natürliche Personen mit Ihrem „Weltvermögen“ (also auch Auslandsvermögen) steuerpflichtig in Deutschland, wenn

- der Verstorbene zur Zeit seines Todes Inländer war,
- der Schenker zur Zeit der Schenkung Inländer war oder
- der Erwerber zur Zeit der Entstehung der Steuer Inländer war.

„Inländer“ bedeutet hier: Eine natürliche Person mit Wohnsitz oder gewöhnlichem Aufenthalt im Inland (Deutschland) oder ein deutscher Staatangehöriger, der sich nicht länger als 5 Jahre dauernd im Ausland aufgehalten hat oder Körperschaften, Personenvereinigungen und Vermögensmassen, die ihre Geschäftsleitung oder ihren Sitz im Inland haben.

Doppelbesteuerungsabkommen (sog. „DBA“) sollen der Gefahr der doppelten Besteuerung in zwei Ländern für dieselbe Sache entgegenwirken. Laut Artikel 5 des DBA zwischen Frankreich und Deutschland über „unbewegliches Vermögen“ kann dieses als Nachlass einer Person mit Wohnsitz in Deutschland vom französischen Staat besteuert werden.

Gleichzeitig darf die Immobilie auch in Deutschland besteuert werden, allerdings immerhin mit der Einschränkung, dass die in Frankreich bezahlte Erbschaftssteuer auf die für die französische Immobilie in Deutschland zu zahlende Steuer anteilig angerechnet wird.

Dies gilt für eine Erbschaft ebenso wie für die Schenkung.

Übrigens: Schulden, die im Zusammenhang mit dem Erwerb, dem Bau, der Änderung, der Verbesserung, oder der Instandhaltung einer Immobilie entstanden sind, können vom Wert der Immobilie abgezogen werden. Wenn nur der hälftige Eigentumsanteil vererbt wurde, kann natürlich auch nur der hälftige Schuldenanteil abgezogen werden.

Die in Frankreich gezahlte Erbschaftssteuer darf also bei der deutschen Erbschaftssteuer anteilig angerechnet werden. Das bedeutet, dass wenn der Erwerb nur zum Teil aus Auslandsvermögen besteht, der darauf entfallende Teilbetrag der deutschen Erbschaftssteuer in der Weise zu ermitteln ist, dass die für das steuerpflichtige Gesamtvermögen einschließlich des steuerpflichtigen Auslandsvermögens sich ergebende Erbschaftssteuer im Verhältnis des steuerpflichtigen Auslandsvermögens zum steuerpflichtigen Gesamtvermögen aufgeteilt wird.

Praxis-Tipp

Die Formel lautet:
Deutsche Erbschaftssteuer × steuerpflichtiges Auslandsvermögen
Steuerpflichtiges Gesamtvermögen

Beispiel:

Herr und Frau Schmidt sind je zur Hälfte Eigentümer einer Immobilie in Frankreich. Herr Schmidt stirbt kinderlos und hinterlässt seiner Frau sein hälftiges Eigentum an der Immobilie. Muss Frau Schmidt an den deutschen Fiskus Erbschaftssteuer zahlen?

Antwort: Ja, allerdings wird die auf die französische Immobilie in Frankreich gezahlte Erbschaftssteuer auf die deutsche Erbschaftssteuer anteilig anrechnet. Seit der Gesetzesänderung vom August 2007 ist jedoch der Ehegatte in Frankreich von der Erbschaftssteuer vollständig befreit. Es kann also nichts mehr angerechnet werden, weil nichts gezahlt wurde. Die deutsche Erbschaftssteuer ist also in voller Höhe fällig, wobei im Gegensatz zum früheren französischen Erbschaftssteuerrecht die Freibeträge für Ehegatten in Deutschland relativ hoch sind.

2. Die französische Besteuerung

a) Steuern, die beim Kauf und bei der Nutzung der Ferienimmobilie anfallen

Zunächst wird auch in Frankreich beim Kauf einer Immobilie Grunderwerbssteuer verlangt, zusätzlich fallen Eintragungsgebühr und Notargebühren an – insgesamt muss mit knapp 8 % Kaufnebenkosten zzgl. Maklergebühren gerechnet werden.

Weiterhin müssen verschiedene Steuern für die Nutzung an den französischen Staat gezahlt werden – auch wenn es sich nur um eine Ferienimmobilie handelt.

Jährlich fällt sodann die Grundsteuer *(Impôt foncier)* an, die so in Deutschland nicht bekannte Wohnsteuer *(Taxe d'habitation)* und wenn Sie Immobilienvermögen über 1,3 Millionen Euro in Frankreich (z. B. die Ferienimmobilie) besitzen, die Immobilien-Vermögenssteuer *(Impôt sur la fortune immobilière/„IFI")*. Weiterhin fallen jährlich wie in Deutschland

Fernseh- und Rundfunkgebühren an und Einkommenssteuer *(Impôt sur les revenus)*, wenn Sie in Frankreich Einnahmen haben (z. B. Mieteinnahmen).

aa) Die Grundsteuer – *Impôt foncier*

Wenn Sie eine Immobilie in Frankreich am 1. Januar eines Jahres Ihr Eigen nennen, müssen Sie für dieses Jahr Grundsteuer in Frankreich zahlen, egal ob Sie die Immobilie nutzen oder diese vermietet haben. Die Grundsteuer ist eine örtliche Steuer (*Impôt local*), von der die Gemeinden, Regionen und *départements* profitieren. Insofern ist die Höhe auch von Region zu Region unterschiedlich. Die Basis für die Berechnung ist der Katasterwert der Immobilie *(valeur locative cadastrale)*, der von dem Ort der Immobilie, der Bauweise, dem Zustand, Ausstattung und Wohnflächenzahl abhängig ist. Er kann mit dem jährlichen Mietwert für die Immobilie verglichen werden. Von diesem Wert wird sodann pauschal die Hälfte für die Erhaltungskosten der Immobilien abgezogen. Für genauere Informationen hilft Ihnen das Bürgermeisteramt im Rathaus *(mairie)* Ihrer Gemeinde weiter.

Im Herbst eines jeden Jahres bekommen Sie einen Grundsteuerbescheid, der die zugrundeliegenden Berechnungen der Steuer, die Höhe, den Adressaten und die Frist nennt, bis zu der die Steuer beglichen werden muss.

Es gibt Möglichkeiten der Grundsteuerbefreiung: Neben 10 bzw. 15-jähriger Befreiung für den sozialen Wohnungsbau können Sie beispielsweise als frisch gebackener Eigentümer eines neu erbauten Hauses eine zweijährige Befreiung beantragen. Achtung: Hier läuft eine 90-tägige Frist ab Bauabnahme. Für sog. *BBC (Bâtiments basse consommation énérgetique* – Niedrigenergiehäuser) gibt es mittlerweile eine Befreiung von bis zu fünf Jahren. Für Fragen können Sie sich an das *centre des impôts fonciers* oder an das Katasteramt am Ort *(Service du cadastre)* wenden.

Eine vollständige Befreiung – aber nur für den Hauptwohnsitz – können beispielsweise Personen über 75 Jahre und Behinderte beantragen. Für Personen über 65 und unter 75 Jahren gibt es einen pauschalen Abschlag von € 100,00, wenn sie allein oder mit ihrem Ehegatten im Haus leben und nur ein bestimmtes Einkommen haben.

Die Steuer wird an das Finanzamt am Ort *(Trésorie)* entrichtet, normalerweise in einem Betrag, auf Wunsch in Raten.

bb) Die Wohnsteuer – *Taxe d'habitation*

Derjenige, der am 1. Januar eines Jahres die Immobilie in Frankreich bewohnt bzw. die Immobilie zur Verfügung hat, ist zur Zahlung der Wohnsteuer verpflichtet: z. B. der Mieter oder der Eigentümer. Wird die Immobilie nicht nur als Ferienimmobilie an Gäste vermietet, sondern regulär, ist der Mieter Schuldner dieser Wohnsteuer. Diese Steuer wird ab dem 1.1.2023 für den Hauptwohnsitz wegfallen. Für Fragen wenden Sie sich an das örtliche Finanzamt *(Centre d'Impôt)*. Die Wohnsteuer ist, wie die Grundsteuer, eine örtliche Steuer *(Impôt local)* und kommt der Gemeinde, der Region oder dem *département* zugute. Diese legen auch die Höhe der Abgabe fest. Basis der Berechnung ist wie bei der Grundsteuer der katastermäßige Mietwert *(valeur locative cadastrale)*. Der Wohnsteuerbescheid kommt regelmäßig im Herbst einen jeden Jahres. Dort ist auch die Zahlungsfrist (meist 15. November) vermerkt.

Praxis-Tipp

Lassen Sie sich beim Kauf vom Verkäufer den letzten Grundsteuer- und Wohnsteuerbescheid zeigen, so wissen Sie, was auf Sie zukommt.

Möglichkeiten der Ermäßigung sieht das Gesetz in einigen Fällen vor, jedoch ist hierfür Voraussetzung, dass die Immobilie der Hauptwohnsitz des Steuerschuldners darstellt. Als Beispiel sei der Familienbonus genannt, bescheidene finanzielle Verhältnisse, hohes Alter oder Behinderung.

Beispiel:

Herr und Frau Schmidt wohnen in Frankfurt und kaufen sich ein Ferienhaus an der Côte d'Azur, welches sie allein nutzen möchten.
Muss das Ehepaar Schmidt den Kauf und Besitz ihrer Auslandsimmobilie dem französischen Finanzamt melden und Steuern zahlen?
Antwort: Beim Kauf einer Immobilie fallen verschiedene Steuern an. Zum einen die Grunderwerbssteuer, zzgl. Hypothekenverwaltergebühren (= Eintragungsgebühr, vormals *„salaire du conservateur des hypothèques"*, *heute: „contribution de sécurité immobiliaire"* – 0,15 % des Kaufpreises), die jährlich zu leistende Grundsteuer *(„Impôt foncier")*, die Wohnsteuer *(„Taxe d'habitation")* und unter Umständen Immobilien-Vermögenssteuer *(„Impôt sur la fortune immobilière")* – letztere aber nur, wenn das in Frankreich belegene Vermögen mindestens 1,3 Mio. € beträgt (s. u.).

cc) Die Rundfunk- und Fernsehgebühr – *Contribution à l'audio-visuel public*

Jeder, der die Wohnsteuer *(taxe d'habitation)* bezahlt, ist gleichzeitig Schuldner der Rundfunk- und Fernsehgebühr *(Contribution à l'audio-visuel public)*. Die Fernsehgebühr bezieht sich ebenso auf Geräte, die das Abspielen von Filmen etc. erlauben, egal, ob einem das Gerät gehört, oder es geliehen oder gemietet wurde. Es ist ebenfalls nicht von Belang, ob die Immobilie der Hauptwohnsitz ist oder nur als Ferienhaus genutzt wird. Wird ein Fernseher für eine kurze Zeit gemietet, ist man nur mit einem Bruchteil steuerpflichtig.

Es wird also einfach vorausgesetzt, dass heutzutage jeder einen Fernseher besitzt. Wenn dem nicht so ist, ist man gehalten, in einer Erklärung entsprechende Angaben zu machen.

Werden in der Erklärung falsche Angaben gemacht, ist eine Strafzahlung von € 150,00 zu erwarten.

Die Steuer wird zusammen mit der Wohnsteuer fällig. Bei Fristversäumnis werden Verspätungszuschläge erhoben. Ermäßigungen werden unter den gleichen Voraussetzungen wie bei der Wohnsteuer *(taxe d'habitation)* erhoben.

dd) Die Einkommenssteuer – *Impôt sur le revenu*

Einkommenssteuer müssen Sie nicht zahlen, wenn Sie Ihre Ferienimmobilie allein nutzen, also nicht vermieten. Haben Sie jedoch durch eine vermietete Ferienimmobilie in Frankreich Einnahmen, sind diese auch in Frankreich zu versteuern.

ee) Die Immobilien-Vermögenssteuer – *Impôt sur la fortune immobilière*

Ab 2018 gibt es nicht mehr die Vermögenssteuer, sondern „nur“ noch die Immobilien-Vermögenssteuer (*IFI – Impôt sur la fortune immobilière).* Für Auslandsimmobilienbesitzer macht es keinen Unterschied: Früher mussten die Franzosen ihr Weltvermögen angeben und die Auslandsimmobilienbesitzer nur das in Frankreich belegene Immobilienvermögen. Heute beschränkt sich die Steuer insgesamt auf Immobilien oder Anteilen an Immobilien (auch SCI-Anteile). Sie werden allerdings nicht zur Zahlung aufgefordert, sondern haben selbst zu merken, wann Ihr Immobilienwert die „magische Grenze“ von 1,3 Millionen Euro übersteigt. Dann sind Sie automatisch verpflichtet, eine entsprechende Steuererklärung abzugeben. Lastet auf der Immobilie noch eine Hypothek, darf die aktuelle Kredithöhe abgezogen werden.

Wichtig: Im ersten Schritt muss geprüft werden, ob Ihr Haushalt *(foyer fiscale)* am 1. Januar des zu veranlagenden Jahres über ein Immobilienvermögen in Frankreich von **mindestens 1,3 Mio. Euro** verfügt. Wenn ja, wird dieses Vermögen nach folgender Tabelle besteuert. Nicht verwirren lassen, denn die Tabelle beginnt **dann** bereits ab 800.000 Euro, denn von Ihrem Vermögen über 1,3 Mio. Euro wird bereits der Teil zwischen 800.000 und 1,3 Mio. Euro versteuert.

Tabelle: Der Tarif für die Immobilien-Vermögenssteuer *(Impôt sur la fortune immobilière)* – 2022

Vermögen ab € 1,3 Mio.	Steuer in %
Bis zu € 800.000	0
Über € 800.000 bis € 1,3 Mio.	0,5
Über € 1,3 Mio. bis € 2,57 Mio.	0,7
Über € 2,57 Mio. bis € 5 Mio.	1,0
Über € 5 Mio. bis € 10 Mio.	1,25
Über € 10 Mio.	1,5

Rechenbeispiel:

Die in Frankreich gelegene Immobilie wird auf 1,5 Mio. Euro geschätzt. Da das Vermögen über 1,3 Mio. Euro beträgt, ist Vermögensteuer zu zahlen. Für das Vermögen zwischen 0,8 und 1,3 Mio. Euro sind dann 0,5 % zu zahlen – also hier für 500.000 Euro – und für die restlichen 200.000 Euro 0,7 %. Insgesamt ergibt sich also eine Zahlungspflicht von 2.500 plus 1.400 = 3.900 Euro.

b) Steuern, die beim Verkauf anfallen können – *plus-value* und Sozialabgaben

Beim Verkauf eines Hauses kann eine Versteuerung des Gewinns anfallen, wenn es sich nicht um den Hauptwohnsitz handelt oder die Immobilie nicht schon seit 22 Jahren in Ihrem Eigentum ist (Sozialabgaben: 30 Jahre). Die Steuern betragen insgesamt 26,5 % (19 % Veräußerungsgewinnsteuer und 7,5 % Sozialabgaben) und sind aktuell nicht europarechtswidrig.

Der Notar berechnet die Steuern und fertigt eine entsprechende Steuererklärung.

Die Abschläge pro Eigentumsjahr sind so gestaffelt, dass nach 22 (vollen) Eigentumsjahren kein *plus-value* mehr anfällt.

Tabelle: Veräußerungsgewinn 2018: Abschlag nach Eigentumsjahren

Eigentumsdauer in Jahren	Jährlicher Abschlag
0–5	0 %
6–21	6 %
22	4 %

Die Abschläge pro Eigentumsjahr bei den Sozialabgaben *(prélèvement sociaux)* sind so gestaffelt, dass es nach 30 (vollen) Eigentumsjahren keine mehr anfällt.

Tabelle: Sozialabgaben: Abschlag nach Eigentumsjahren

Eigentumsdauer in Jahren	Jährlicher Abschlag
0–5	0 %
6–21	1,65 %
22	1,60 %
23–30	9 %

Die Steuer fällt nicht an, wenn ein Kaufpreis von € 15.000,00 nicht überschritten wird.

Es fällt zusätzlich eine Sondersteuer auf Gewinne (nach Abzügen) über € 50.000,00 an.

Tabelle: Sondersteuer zur Veräußerungsgewinnsteuer 2022

Zu versteuernder Veräußerungsgewinn in Euro	Zusätzliche Steuer
Mehr als 50.000 bis einschließlich 100.000	2 %
Mehr als 100.000 bis einschließlich 150.000	3 %
Mehr als 150.000 bis einschließlich 200.000	4 %
Mehr als 200.000 bis einschließlich 250.000	5 %
Über 250.000	6 %

Weiterhin kann man diese Steuern durch den Nachweis von Rechnungen zur Modernisierung, Renovierung und Erhaltung senken. Eigenleistungen zählen nicht. Werden keine Rechnungen vorgelegt, wird eine Pauschale von 15 % des damaligen Erwerbswertes angesetzt.

Trick 17: Die Berechnung ist aufwändig. Die französischen Notare haben eine Internetseite mit einem Rechner, bei dem die Daten eingetragen werden können und dann die Steuer berechnet wird http://www.notaires.paris-idf.fr/outil/immobilier/calcul-des-plus-values-immobilieres-sur-maison-et-appartement.

Ein Bürge, ein sog. *„représentant fiscal"*, wie ihn ein Steuerausländer früher benötigte, ist seit dem 1.1.2015 nicht mehr zu stellen.

c) Einnahmen aus Vermietung der französischen Immobilie

Vermieten Sie die französische Immobilie – beispielsweise, weil Sie sie nur 6 Wochen im Jahr nutzen – an Freunde, Verwandte oder sonstige Dritte, haben Sie Mieteinnahmen auf französischen Boden erwirtschaftet. Diese müssen in Frankreich versteuert werden.

Beispiel:

Herr und Frau Schmidt schaffen es nicht mehr so oft, in ihr Häuschen nach Frankreich zu fahren und vermieten es deshalb an Feriengäste. Dadurch haben sie im Jahr € 10.000,00 zusätzlich zu den ca. € 50.000,00 deutschen Einkünften.

Muss das Ehepaar Schmidt die Mieteinnahmen in Frankreich versteuern?

Antwort: Ja, und zwar mit 20 %. Die Mieteinnahmen sind Einnahmen im Sinne der französischen Einkommenssteuer *(Impôt sur le revenu)*. Hier muss eine französische Einkommenssteuererklärung abgegeben werden. Hinzu kommen 15,5 % Sozialabgaben.

Besonderheit: *Le micro – BIC* (Mini-Unternehmen) und *le régime bénéfice réel*

Bei Mieteinnahmen von bis zu € 32.900 fallen Sie grundsätzlich unter das *régime micro-BIC* (auch genannt: *„micro-entreprise"* oder *„régime forfaitaire")*. Sie als Mini-Unternehmen müssen das Steuerformular Nr. 2042 C PRO (Kästchen 5 ND) ausfüllen und dürfen Ihre Kosten ohne Nachweis pauschal mit 50 % ansetzen. Steuerausländer unterliegen einem Mindestsatz von 20 % der Nettoeinnahmen. Zusätzlich sind noch 15,5 % Sozialabgaben zu zahlen. Wer zwischen € 26.631 und € 71.397 an Nettomieteinnahmen erwirtschaftet hat, fällt sogar unter den nächsthöheren Steuersatz (30 %).

Die Versteuerung des tatsächlichen Gewinns ohne Pauschalabzug *(régime bénéfice réel)* findet automatisch statt, wenn die Mieteinnahmen € 32.900 übersteigen, kann aber auch freiwillig bei geringeren Einnahmen gewählt werden. Diese Art der Versteuerung muss dann vor dem 1. Februar des Jahres des Veranlagungszeitraums gewählt werden und ist für zwei Jahre unwiderruflich, wenn davor als *„micro-BIC"* versteuert wurde. Stillschweigend wird sie sodann nach Ablauf der zwei Jahre wieder verlängert. Das auszufüllende Steuerformular ist Nr. 2042 C mit der Anlage Nr. 2031. Der zu versteuernde Gewinn wird derart ermittelt, dass von den Einnahmen berücksichtigungsfähige Ausgaben abgezogen werden. Eine detaillierte Buchführung ist erforderlich. Ein eventuelles Defizit muss auf 10 Jahre abgeschrieben werden. Berücksichtigungsfähige Ausgaben sind insbesondere:

- Kosten der Vermietung (z. B. Annoncen, Makler)
- Zinsen des Immobilienkredits (aber nur anteilig bezogen auf den Vermietungszeitraum, z. B. bei Vermietung von 4 Wochen im Jahr werden nur 4/52 der Zinsaufwendungen berücksichtigt)
- Reparatur bzw. Renovierungsarbeiten (ebenso nur anteilig bezogen auf den Vermietungszeitraum)

Besonderheit: Vermietung unmöblierter Immobilien

Im *„régime micro-foncier"* werden Mieteinnahmen aus unmöblierter Vermietung versteuert, die € 15.000 nicht übersteigen Hier wird der Gewinn pauschal um 30 % gemindert. Darin enthalten sind alle Ausgaben. Konkrete, höhere Ausgaben können nicht geltend gemacht werden. Die auszufüllende Steuererklärung ist Nr. 2042.

Im *„régime réel"* werden Mieteinnahmen automatisch versteuert, die über € 15.000 liegen. Wurde vorher im *„régime micro-foncier"* muss diese Art der Versteuerung erst gewählt werden und ist für 3 Jahre unwiderruflich. Als Ausgaben werden insbesondere durchgeführte Arbeiten, Versicherungen und gezahlte Grundsteuer anerkannt.

Achtung! Vermietet eine *SCI* eine möblierte Immobilie, wird sie körperschaftssteuerpflichtig in Frankreich (*impôt sur les sociétes – „IS"/„IS-SCI").*

Praxis-Tipp

Weitere Auskünfte gibt Ihnen Ihr zuständiges Finanzamt der Gemeinde, in der sich die französische Immobilie befindet. Weitere Hilfen finden Sie unter www.impots.gouv.fr, wo auch Formulare heruntergeladen werden können. Die Steuererklärung, die bis zum 30. Juni des Folgejahres abgegeben werden muss, kann auch via Internet gefertigt und abgegeben werden.
Als sog. „Steuerausländer" zahlt man in Frankreich die Steuer bei:
Trésorerie des Non Résidents (TNR)
10, rue du Centre
93463 Noisy le Grand Cedex
Tél. 0033.1.57.33.83.00
Fax 0033.1.57.33.90.31
nonresidents@dgi.finances.gouv.fr
Hier finden Sie auch die internationalen Bankdaten (IBAN und BIC), wenn Sie die Steuer von Deutschland überweisen möchten. Übrigens: E-Mails werden grundsätzlich innerhalb weniger Tage beantwortet.

d) Erbschafts- und Schenkungssteuer in Frankreich

Gem. Art. 750 ter CGI *(Code Général des Impôts)* wird zunächst unterschieden, wo der Erblasser bzw. Schenker seinen **Wohnsitz** hatte.

aa) Hauptwohnsitz des Erblassers/Schenkers in Frankreich

War der Hauptwohnsitz in Frankreich, werden sämtliche Vermögensgegenstände vom französischen Staat besteuert, gleich wo sie belegen sind oder welcher Art sie sind.

bb) Hauptwohnsitz des Erblassers/Schenkers außerhalb Frankreichs

Hatte der Erblasser bzw. Schenker seinen Wohnsitz außerhalb Frankreichs, dann ist danach zu unterscheiden, wo die Erben/Beschenkten ihren Wohnsitz haben.

(1) Wohnsitz der Erben im Ausland

Es fallen nur die in Frankreich belegenen Vermögensgegenstände unter die französische Erbschaftssteuer.

Beispiel:

Der Witwer Herr Schmidt hat drei Kinder und ein Ferienhäuschen in Frankreich, das er nur im Sommer nutzt. Die Familie wohnt, lebt und arbeitet in Deutschland. Als Herr Schmidt stirbt, erben die Kinder das Ferienhäuschen und das Vermögen, welches sich in Deutschland befindet. Muss in Frankreich Erbschaftssteuer bezahlt werden?
Antwort: Ja, aber nur für die in Frankreich belegene Immobilie.

(2) Wohnsitz der Erben in Frankreich
Es fällt der gesamte Nachlass unter die französische Erbschaftssteuer, wenn die Betroffenen im Zeitpunkt des Erbfalls innerhalb der letzten 10 Jahre mehr als sechs Jahre in Frankreich sesshaft waren.

cc) Höhe der französischen Steuer

Hier kommt es wie in Deutschland zunächst auf den Grad der Verwandtschaft an. Ehegatten, *„PACS"*-Partner *(Pacte de solidarité)* und eingetragene Lebenspartner sind von der Erbschaftssteuer vollständig befreit (nicht aber von der Schenkungssteuer!).

Auch erbende Geschwister sind unter Umständen bevorzugt, allerdings müssen sie für eine Steuerbefreiung drei Bedingungen erfüllen:

Der Erbe muss bei Eröffnung der Erbschaft
- ledig, Witwer, geschieden oder getrennt („séparé de corps") sein,
- älter als 50 Jahre alt oder dauerhaft arbeitsunfähig durch Krankheit/Unfall/Behinderung u. a. und
- mindestens die letzten 5 Jahre zusammen mit dem Erblasser gelebt haben.

Die Freibeträge können nun nur alle 15 Jahre ausgeschöpft werden.

Praxis-Tipp

Nicht vergessen: Die Schenkung muss einen Monat nach Durchführung beim französischen Finanzamt angegeben werden.

Kinder und Vorfahren in direkter Linie *(ascendants et descendants en ligne directe)* haben Steuern in folgender Höhe zu bezahlen, wobei zunächst ein Freibetrag von aktuell nur noch € 100.000 vom Erworbenen abgezogen wird:

Höhe der steuerpflichtigen Erbschaft/Schenkung	Steuer
Weniger als € 8.072,00	5 %
Zwischen € 8.072,00 und € 12.109,00	10 %
Zwischen € 12.109,00 und € 15.932,00	15 %
Zwischen € 15.932 und € 552.324,00	20 %
Zwischen € 552.324,00 und € 902.838,00	30 %
Zwischen € 902.838,00 und € 1.805.677,00	40 %
Über € 1.805.677,00	45 %

Schenkungen zwischen Ehegatten, PACS-Partnern, Lebenspartnern (Freibetrag € 80.724,00)

Höhe der steuerpflichtigen Schenkung	Steuer
Weniger als € 8.072,00	5 %
Zwischen € 8.072 und € 15.932,00	10 %
Zwischen € 15.932,00 und € 31.865,00	15 %
Zwischen € 31.865,00 und € 552.324,00	20 %
Zwischen € 552.324,00 und € 902.838,00	30 %
Zwischen € 902.838,00 und € 1.805.677,00	40 %
Über € 1.805.677,00	45 %

Schenkungen und Erbschaften zwischen Geschwistern (Freibetrag € 15.932,00):

Höhe der steuerpflichtigen Erbschaft/Schenkung	Steuer
Bis € 24.430,00	35 %
Höher als € 24.430,00	45 %

Werden Verwandte bis zum 4. Grad bedacht, kommt immer ein Steuersatz von 55 % zur Anwendung. Nichten und Neffen profitieren immerhin von einem Freibetrag von € 7.967,00. Bei Nichtverwandten sind es gar 60 % ohne Freibetrag bei einer Schenkung, € 1.594,00 Freibetrag bei einem Erbfall.

Enkelkinder profitieren von einem Freibetrag von € 31.865,00, wenn ihnen die Großeltern etwas schenken und Urenkel immerhin von € 5.310,00.

Die Bedingungen sind folgende:
- Der Schenkende muss jünger als 80 Jahre alt sein
- Der Beschenkte muss über 18 Jahre alt

Praxis-Tipp

Der Wert der Immobilie ist für die Höhe der Schenkungs- bzw. Erbschaftssteuer entscheidend. In Frankreich gilt hier der ***„valeur vénale"***, der Marktwert. Welchen Preis würden die Erben erzielen, wenn sie am Tag des Erbfalles (Todestag) die Immobilie verkaufen würden? Hier kann der Notar oder ein Sachverständiger (Makler) weiterhelfen – möglichst mit einer kurzen schriftlichen Stellungnahme.

Achtung!:
Bei der Erbschaft/Schenkung einen zu niedrigen Wert anzunehmen ist neben den steuerstrafrechtlichen Folgen auch in weiterer Hinsicht kurzsichtig: Verkaufen die Erben/die Beschenkten die Immobilie zu einem höheren Preis weiter, muss der Gewinn versteuert werden *(Impôt sur la plus-value).*

e) Tipps zur Senkung der Schenkungssteuer

aa) Ausnutzung der Freibeträge

In Frankreich dürfen die Freibeträge mittlerweile nur noch alle 15 Jahre ausgenutzt werden. Sie könnten also Ihren Kindern alle 15 Jahre ein Teil der Immobilie innerhalb des Freibetrages und damit steuerfrei schenken, so dass die Immobilie bei Ihrem Ableben bereits den Kindern gehört, ohne dass Steuern gezahlt werden müssten.

Dies kann mit einem Wohnrecht bzw. Nießbrauchsrecht für Sie kombiniert werden, so dass Sie die Immobilie noch bis zum Lebensende nutzen dürfen.

bb) *Usufruit* – Eingetragenes Nießbrauchsrecht

Sie können die Immobilie verschenken und sich gleichzeitig ein lebenslanges Nutzungsrecht – *usufruit* – vorbehalten. Je nachdem, wie alt Sie sind, mindert es den steuerlichen Wert der Immobilie. Dies ist verständlich, da sie dadurch belastet ist. Natürlich mindert sich auch der Wert einer Immobilie, die vererbt wird und mit einem Nutzungsrecht belastet ist.

Alter des Erblassers oder Schenkenden	Steuerwert des bloßen Eigentums *(nue propriété)* in Prozent	Steuerwert des Nießbrauchs *(usufruit)* in Prozent
Unter 21	10	90
Unter 31	20	80
Unter 41	30	70
Unter 51	40	60
Unter 61	50	50
Unter 71	60	40
Unter 81	70	30
Unter 91	80	20
Über 91	90	10

f) Steuererklärung, Steuerbescheide, Zahlung: nur noch digital auf dem *„espace particulier"*

Viele der Ferienimmobilienbesitzer haben die Wohn- und Grundsteuer und möglicherweise auch die Einkommensteuer (z. B. bei Mieteinnahmen) dank irgendwann erhaltenen IBAN und BIC überwiesen. Das war ab 2020 nicht mehr möglich. Diejenigen, die 2019 noch überwiesen haben, haben möglicherweise ein Schreiben der *Direction Générale des Finances Publiques* bekommen mit dem Hinweis, dass seit 2019 das Gesetz für Überweisungen über 300 Euro nur noch Einzugsermächtigungen oder Online-Überweisungen auf dem impôt.gouv.fr-Portal vorsieht. Ansonsten drohe ein Bußgeld von 0,2 % der Steuersumme, mindestens jedoch 15 Euro.

Einzugsermächtigung (monatlich oder jährlich): Hierfür wird ein Konto in Frankreich oder Monaco benötigt. Haben Sie dort eins, dann können Sie diese Einzugsermächtigung mit Hilfe des unten im Schreiben abzutrennenden Abschnitts erteilen, jährlich oder monatlich ankreuzen und diesen zusammen mit *RIB (Rélévé d'Identité Bancaire)* an das Finanzamt zurückschicken.

Online-Überweisung auf impôts.gouv.fr: Falls Sie kein Konto in Frankreich oder Monaco haben, bleibt nur die Online-Überweisung. Sie gehen auf die Seite impôts.gouv.fr und dort in ihr *espace particulier*. Falls Sie das noch nicht haben, müssen Sie es jetzt eröffnen. In Ihrem *espace particulier* können Sie Online-Überweisungen tätigen, auch von einem deutschen

Konto aus. Zudem können Sie dort Ihre Steuererklärungen machen und alle Steuerbescheide ansehen. Eine Steuerklärung auf Papier ist nur noch erlaubt, wenn der Steuerpflichtige keine Internetverbindung hat oder der Steuerpflichtige sich nicht für fähig hält, seine Steuererklärung im Internet zu fertigen. Für die *déclaration en ligne* muss der Steuerpflichtige auf www.impot.gouv.fr *(„votre espace particulier")* gehen und folgende Dinge bereithalten: *numéro fiscal*, die *numéro d'accès en ligne* und *revenu fiscal de référance* (alle drei Punkte: siehe Steuerbescheid vom letzten Jahr).

g) Sonderfall: Hauptwohnsitz zwei Jahre in Frankreich

Keine Veräußerungsgewinnsteuer wird fällig, wenn der Verkäufer vor dem Verkauf zu irgendeinem Zeitpunkt mindestens zwei Jahre lang steuerlich in Frankreich ansässig war und der Verkauf entweder innerhalb von zehn Jahren nach seinem Wegzug erfolgt, wenn er nicht frei über die Immobilie verfügen konnte (z. B. weil sie vermietet ist) oder jederzeit, wenn der Verkäufer mindestens seit dem 1. Januar des Jahres vor dem Verkauf frei über die Immobilie verfügen konnte.

Die Steuerbefreiung ist nicht vollständig, da sie auf den Teil des steuerpflichtigen Nettogewinns beschränkt ist, der € 150.000 nicht übersteigt – er darüberhinausgehende Betrag ist normal zu versteuern.

VII. Erbrecht in Frankreich

Das französische Erbrecht war für die Erbfolge bis zum 17.8.2015 anwendbar, da bei Immobilien das Recht des Lageorts entscheidend war. Bei gewöhnlichem Aufenthalt des Erblassers in Deutschland gilt ab dem 17.8.2015 nun allerdings auch für die französische Immobilie das deutsche Erbrecht. Auf eine ausführliche Darstellung des französischen Erbrechts wird deshalb verzichtet. Rechtliche Konstruktionen wie die *SCI-Immobilière,* ein französischer Ehevertrag, eine Pflichtteilsstrafklausel oder gar „doppelstöckige Gesellschaften" sind zur Vermeidung des französischen Erbrecht nun nicht mehr notwendig.

1. Auswirkungen der EU-Erbrechtsverordnung

Ab dem 17.8.2015 gilt für Deutschland die EU- Erbrechtsverordnung (EU-ErbRVO). Das bedeutet nicht, dass es ein europäisches Erbrecht gibt, sondern dass dann ein einheitliches „Kollisionsrecht" in Europa angewendet wird. Bei Erbrechtsfällen mit Auslandsberührung muss zunächst die anwendbare Rechtsordnung (welches Erbrecht wird angewandt? z. B. deutsches oder französisches?) mit Hilfe des internationalen Privatrechtes bestimmt werden.

Beispielsfall

Herr Müller mit Wohnsitz in Freiburg hinterlässt seine Witwe und die zwei gemeinsamen Kinder Anton und Berta. Er hat kein Testament errichtet und lebt im Güterstand der Zugewinngemeinschaft. Die Familie hat die deutsche Staatsangehörigkeit. Bei seinem Tode hat er Vermögen in Deutschland und ein Ferienhaus in *St. Tropez.*

a) Nach welcher Rechtsordnung bestimmt sich das Erbrecht vor dem 17.8.2015?

Gemäß Art. 25 EGBGB bestimmt das deutsche internationale Privatrecht, dass die Rechtsordnung des Staates anzuwenden ist, dem der Verstorbene angehört hat. Im vorliegenden Fall also deutsches Erbrecht. Das französische internationale Privatrecht hat allerdings die Sonderregelung in Art. 3 Code Civil, dass das französische Recht für Immobilien, die sich in Frankreich befinden, Vorrang hat: *„Les immeubles, même ceux possédés par des étrangers, sont régis par la loi française.“* Diese Sonderregelung akzeptiert das deutsche internationale Erbrecht (Art. 3 a EGBGB). Wir haben also eine sog. Nachlassspaltung: für die deutschen Güter gilt deutsches Erbrecht, für die französische Immobilie französisches Erbrecht.

b) Wer erbt wie viel, wenn Herr Müller vor dem 17.8.2015 verstirbt?

aa) Vermögen in Deutschland: Die Witwe erbt nach deutschem Recht zu ½, die beiden Kinder je zu ¼.

bb) Vermögen in Frankreich: Die Witwe kann wählen, ob sie ¼ Eigentum erbt oder den Nießbrauch, die Kinder entsprechend entweder je ⅜ oder die Hälfte als *„nue-propriété“* (also mit Nießbrauch belastet).

c) Wie ist die Rechtslage, wenn Herr Müller ab dem 17.8.2015 verstirbt?

Ab dem 17.8.2015 werden nicht mehr beide internationalen Privatrechtsordnungen herangezogen, die im vorliegenden Fall unterschiedliche Anknüpfungspunkte (hier: Staatsangehörigkeit und Belegenheitsstaat) haben, sondern die EU-Erbrechtsverordnung. Gemäß Art. 21 EU-ErbVO knüpft das Erbrecht an den **letzten gewöhnlichen Aufenthalt** des Erblassers (nicht des Erben!) an. Die Staatsangehörigkeit oder der Belegenheitsort sind nicht mehr maßgebend. In den Erwägungsgründen der ErbrVO (Nr. 23 und 24) wird klargestellt, dass damit eine besonders enge und feste Beziehung zu einer bestimmten Rechtsordnung zum Ausdruck kommen soll, wozu eine Gesamtbeurteilung aller Lebensumstände des Erblassers in den Jahren vor seinem Tod und im Zeitpunkt seines Todes vorzunehmen ist. Damit ist im vorliegenden Fall also deutsches Erbrecht anzuwenden. Die Witwe erbt also nach deutschem Recht doppelt so viel wie nach französischem Recht.

2. Was ist vor dem Erbfall zu tun?

a) Deutscher Staatsangehöriger mit gewöhnlichem Aufenthalt in Deutschland

Bei einem gewöhnlichen Aufenthalt in Deutschland muss man im Regelfall nichts tun. Hat man ein Testament gemacht, bezieht sich das nun auch auf die französische Immobilie, hat man keins errichtet, gilt das deutsche gesetzliche Erbrecht. Alle deutschen Erbrechtsregelungen gelten nun auch für die französische Immobilie: Regelungen für die Ausschlagung, für die Pflichtteilsrechte, für einen Testamentsvollstrecker, Vor- und Nacherbfolge …

Es ist möglich, die generelle Erklärung im Testament wie folgt aufzunehmen: *„Ich bin ausschließlich deutsche/r Staatsangehörige/r und habe meinen gewöhnlichen Aufenthalt in Deutschland. Diesen will ich auch dauerhaft beibehalten.“* (Formulierungsvorschläge alle nach Odersky, notar 2013, 3 bzw. Krug, Die EU-Erbrechtsverordnung und die Grundzüge des Internationalen Erbrechts).

Besteht die Möglichkeit, dass der gewöhnliche Aufenthalt nicht in Deutschland ist, man aber das deutsche Erbrecht für seine Erbabwicklung angewendet haben möchte, muss eine Rechtswahl getroffen werden. Hierbei ist zu beachten, dass ein Urlaub im Ausland den gewöhnlichen Aufenthalt nicht berührt, ein Umzug wegen Berufstätigkeit im Ausland, der Ruhestand im Süden oder Ähnliches jedoch schon.

Vorsorgliche Rechtswahl: *„Ich bin ausschließlich deutsche/r Staatsangehörige/r und habe meinen gewöhnlichen Aufenthalt in Deutschland. Vorsorglich wähle ich für die Rechtsnachfolge von Todes wegen in mein gesamtes Vermögen, sowie für Fragen der Rechtswirksamkeit dieses Testaments ausschließlich deutsches Erbrecht.“*

b) Deutscher Staatsangehöriger mit gewöhnlichem Aufenthalt in Frankreich

Hier empfiehlt sich die Wahl des deutschen Rechts insbesondere dann, wenn besondere Gestaltungen gewünscht werden, die das französische Recht nicht kennt (Vor- und Nacherbschaft/„Berliner Testament“, Testamentsvollstreckung etc.) oder wenn der Großteil des Vermögens und der Erben in Deutschland ist. Ebenso kann die Rechtswahl Sinn haben, wenn Pflichtteilsrechte nach deutschem Recht günstiger sind. Ohne Rechtswahl würde französisches Recht Anwendung finden.

Formulierungsvorschlag: *„Ich bin deutsche/r Staatsangehörige/r und habe meinen gewöhnlichen Aufenthalt in Frankreich. Ich wähle jedoch hiermit für die Rechtsnachfolge von Todes wegen in mein gesamtes Vermögen sowie für Fragen der Rechtswirksamkeit dieses Testaments das deutsche Recht als mein Staatsangehörigkeitsrecht.“*

3. Was ist nach einem Erbfall zu tun?

Während man bei einem Erbfall mit französischer Immobilie vor dem 17.8.2015 zum einen den deutschen Teil in Deutschland abwickelte und bzgl. der französischen Immobilie einen französischen Notar bemühen musste, der dann die *„attestation immobilière"*, den *„acte de notoriété"* und die *„déclaration de succession"* (Erbschaftssteuererklärung) beurkundete, wird es nun einfacher. Es wird ein „Europäisches Nachlasszeugnis" (ENZ) beim Nachlassgericht des Mitgliedsstaates ausgestellt, in dem der Erblasser seinen letzten gewöhnlichen Aufenthaltsort hatte. Dem Antragsteller wird dann nur – anders als im deutschen Erbscheinverfahren – eine beglaubigte Abschrift des ENZ ausgehändigt. Der Beglaubigungsvermerk trägt ein „Verfallsdatum" (6 Monate nach Ausstellung). Dieser ENZ muss nun an das zuständige Grundbuchamt am Ort der Immobilie gesandt werden *(„bureau des hypothèques"),* damit die Eigentumsumschreibung vorgenommen werden kann. In der Praxis wird man damit einen französischen Notar beauftragen, der dann auch die französische Steuererklärung fertigt – denn Erbschaftsteuer wird nach wie vor in Frankreich fällig.

VIII. Praktische Tipps

1. Die doppelte Staatsbürgerschaft

Deutschland und Frankreich haben zur Feier des 40. Jahrestages des Elysée-Vertrages eine gemeinsame Erklärung zur deutsch-französischen Doppelstaatsangehörigkeit abgegeben. Die in Frankreich lebenden Deutschen und umgekehrt die in Deutschland lebenden Franzosen sollen durch eine Vereinfachung der bürokratischen Voraussetzungen die sog. „Doppelte Staatsangehörigkeit" erlangen können.

2. „Trouble" mit den lieben Nachbarn …

Auch als Ferienhausbesitzer kann es hier und da Ärger mit dem Nachbarn geben – bloß was ist hinzunehmen, und wo hört der Spaß auf? Darf ich die Äste des Nachbarbaumes, die mir das Sonnenlicht nehmen, einfach absägen? Darf der Nachbar nach 22 Uhr noch laut Musik hören?

a) *Trouble de voisinage*

„*Trouble de voisinage*" ist jedweder vom Nachbarn verursachter Missstand, unter dem Sie leiden. Sei es Gerüche, Lärm, Staub … Die französischen Gerichte verurteilen jedoch nur den über das Normalmaß hinausgehenden *trouble anormal de voisinage*. Leider wurde dieser Begriff noch nicht definiert, aus zahlreichen Gerichtsentscheidungen seien jedoch folgende Fälle exemplarisch genannt:

- Entzug von Sonnenschein und Licht (Cass. Civ. 3, 18.07.1972, DS 1974.73)
- Sichtbeeinträchtigung auf eine Landschaft (Cass. Civ. 3, 03.11.1977, GP 1987. Somm. 21, DS 1987.434)
- Materielle Schäden aufgrund von Abriss- oder Baumaßnahmen des Nachbarn (Cass. Civ. 02.12.1982. DS 1983.IR 371)
- Immissionen von Gerüchen und umweltschädlichem Rauch (Civ. II, 16.05.1994, Bull. Civ. II Nr. 131)

- Lärm und Vibrationen aufgrund von Arbeiten auf nachbarlichen Boden (Cass. Civ. 2, 19.02.1992, Bull. Civ. II Nr. 60)
- Andauerndes Hundegebell über Jahre hinweg (Cass. Civ. 2, 14.06.1967, DS. 1967.674)
- Einsanden durch Bauarbeiten auf nachbarlichem Parkplatz (Cass. Civ. 3, 12.02.1992, Bull. Civ. III, Nr. 44)

b) Welchen Abstand hat man beim Pflanzen zum Nachbarn zu wahren?

Ein Großteil der Nachbarschaftsstreitigkeiten handelt von Bäumen, die zu nah gepflanzt sein sollen, von deren Ästen oder Wurzeln, die zum Nachbarn hinüberhängen. Hier hat der französische Gesetzgeber ein paar Regeln aufgestellt, wobei Art. 671 Code Civil ausdrücklich betont, dass diese Regelungen nur gelten, wenn keine *réglements administratifs locaux et les usages constants et reconnus* (= örtliche Verwaltungsvorschriften und regelmäßige, anerkannte Gebräuche – Tipp: Auskunft gibt Ihnen Ihre Gemeinde) gelten.

Gem. Art. 671 Code Civil ist der Mindestabstand je nach Höhe der Pflanze folgender:

- Wenn der Baum höher als zwei Meter ist, darf er nicht weniger als 2 Meter von der Grenzlinie entfernt gepflanzt werden.
- Alle anderen Bäume oder Baumteile (Äste, Wurzeln) müssen einen Grenzabstand von 0,5 Metern wahren.

Wenn der Abstand nicht gewahrt wurde, kann der Eigentümer oder Nießbrauchsberechtigte von dem Nachbarn verlangen, dass dieser seine Pflanzen, die weniger als 0,5 Meter von der Grenzlinie entfernt gepflanzt wurden, herausreißt, und die anderen, weniger als zwei Meter entfernt befindlichen, beschneidet (Art. 672 Code Civil).

Wenn der Abstand gewahrt wurde und der Eigentümer oder Nießbrauchsberechtigte jedoch trotzdem einen Schaden durch Nachbars Wurzeln, Sträucher oder Zweige erleidet, die auf sein Eigentum herüberwuchern, darf er diese selbst entfernen. Handelt es sich um Zweige, muss er jedoch zunächst den Eigentümer zur Beschneidung auffordern bzw. um Erlaubnis bitten, dies selbst vornehmen zu dürfen (Art. 673 Code Civil).

c) Ausnahmen von der Abstandsregelung

Es gibt zwei Ausnahmen von der Abstandsregelung:

- Spalierpflanzen, die Grenzmauern bewachsen (Art. 671 Code Civil), fallen nicht unter die Abstandsregelung – was in der Natur der Sache liegt.

- *prescription trentenaire et la préoccupation* – 30-jährige Verjährung und Anliegen

Ein Nachbar kann sich nicht auf Abstandsregelungen berufen, wenn er sich 30 Jahre lang nicht darüber beschwert hat. Er kann sich ebenfalls nicht darauf berufen, wenn er die Immobilie im Wissen um die nachbarlichen Bepflanzungen gekauft hat.

d) Welche Regelungen sind bezüglich Grenzabmarkung und Umzäunung zu beachten?

Gem. Art. 646 Code Civil hat die *bornage* (= Grenzabmarkung) zum Ziel, die Grenzlinien zwischen den nachbarlichen Grundstücken genau zu markieren.

Die *clôture* (= Umzäunung, Einfriedung) stellt die sichtbare Grenzlinie dar.

Gem. Art. 647 Code Civil haben Sie als Eigentümer das Recht, Ihr Grundstück einzuzäunen.

Allerdings gibt es für dieses Recht drei Einschränkungen:

- Das Recht der Einfriedung darf nicht missbraucht werden, z. B. ohne irgendeinen Grund eine Umfriedung zu bauen, die nach Gefängnis aussieht mit Stacheldraht etc., nur, um seinen Nachbarn zu ärgern oder zu schädigen.
- Wenn der Nachbar durch die Rechtsausübung in seinem Recht, auf sein Grundstück zu gelangen, verletzt wird, z. B. wenn ein Eigentümer mit einer Eisenkette und Schloss, mit der er sein Grundstück einfriedet, den Zugang des Nachbarn zu seinem Haus verhindert.
- In ländlichen Gebieten gibt es zum Teil noch das alte Recht der „vaine pâture“: Eigentümer dürfen nicht – bzw. nur gegen Schadensersatz – Ihren Grund und Boden einzäunen, wenn dieser als Koppel für (durchziehendes) Vieh genutzt wird.

Als angrenzend wohnender Nachbar hat man im Übrigen einen Anspruch auf ordentliche *clôture* (Palisade oder Hecke ist nicht ausreichend!), dies ist gesetzlich für Städte und Vorstädte geregelt:

In Städten mit mehr als 50.000 Einwohnern muss die Grenzmauer 3,20 hoch sein.

In Städten mit weniger als 50.000 Einwohnern muss die Grenzmauer 2,60 hoch sein.

Bevor die Mauer gebaut wird, muss die Aufteilung der Kosten zwischen den Nachbarn verbindlich geregelt worden sein. Will ein Nachbar sich nicht an den Kosten beteiligen, kann er vorher auf seinen Teil des Grundstücks, auf dem die Mauer gebaut werden soll, verzichten, Art. 656 Code Civil.

e) Mit welchen Sanktionen ist zu rechnen?

In einem Nachbarschaftsstreit kann die richterliche Entscheidung zum einen auf eine Entschädigung in Natur oder zum anderen auf Schadensersatz lauten.

Die Entschädigung in Natur besteht darin, dass dem „*trouble*"-Verursacher auferlegt wird, alle Maßnahmen zu ergreifen, um dem Nachbarschaftsstreit ein Ende zu setzen. Im schlimmsten Fall kann der Richter auch urteilen, dass die Ursache des Streits zerstört wird, z. B. Fällung eines Baumes oder sogar Abriss eines Gebäudes.

Schadensersatz wird dem Nachbar nur zugesprochen, wenn eine Wiederherstellung in Natur nicht möglich ist oder der Nachbar gesundheitliche Schäden davon getragen hat.

3. Ein Wort zu französischen Anwälten und Gerichtsverfahren in Frankreich

Es gibt einen großen Unterschied zu Deutschland, was Anwälte und Gerichtsverfahren angeht: Beide sind unkalkulierbar teurer.

a) Kein Rechtsanwaltsvergütungsgesetz

Anwälte in Frankreich können frei vereinbaren, was ihre Leistung Sie als Mandant kosten soll. Während die Anwälte in Deutschland an das Rechtsanwaltsvergütungsgesetz (RVG) gebunden sind und anhand einer Tabelle ablesen, was Sie für die jeweilige Tätigkeit bei dem jeweiligen Streitwert verlangen können und dürfen, gibt es ein solches Gesetz in Frankreich nicht. Deshalb wundern Sie sich nicht, wenn Sie zunächst einen Vorschuss von € 1.000,00 zahlen müssen und nach jedem Gespräch € 500,00. Stundenhonorare liegen bei ca. 250,00 Euro zzgl. Mwst. aufwärts.

Praxis-Tipp

Nicht alle französischen Anwälte lassen sich darauf ein, aber vereinbaren Sie entweder ein Pauschalhonorar oder ein Stundenhonorar mit monatlicher Rechnung und Tätigkeitsnachweis.

b) Keine Verpflichtung des Unterliegenden, die Kosten des Rechtsstreits zu tragen

In Deutschland enthält jedes Urteil einen Punkt dazu, wer die Kosten des Rechtsstreits tragen muss. Hier gilt der Grundsatz, dass der Unterliegende sämtliche Kosten zahlen muss: seinen Rechtsanwalt, den gegnerischen Rechtsanwalt und das Gericht. In Frankreich gibt es diese Regelung nicht. Zwar kann der Richter eine Summe nennen, die der Unterliegende dem Obsiegenden zahlen muss, doch diese ist häufig nur ein symbolischer Wert.

Beispiel:

In einem Nachbarschaftsstreit um die Höhe der grenznahen Bäume einer Villa hat der eine Nachbar schließlich vor Gericht gewonnen, ärgert sich jedoch über die Höhe der Kostenrechnung seines Anwalts: Insgesamt € 11.000,00! Der Richter hatte als symbolischen Wert für seine Unkosten die Summe von € 800,00 ausgeurteilt …

IX. Deutsche Schutzvereinigung Auslandsimmobilien e. V.

1. Ideale Kombination von aktueller Information und anwaltlicher Beratung

Verzichten Sie darauf, im Ausland teures Lehrgeld zu bezahlen. Investieren Sie lieber in die Mitgliedschaft bei der DSA. Dann werden Sie besonders viel Freude an Ihrer Immobilie haben.

Die DSA mit Sitz in Freiburg und mit Mitgliedern in Deutschland, in der Schweiz, in Österreich und anderen Ländern ist anerkannt und registriert als qualifizierte Verbraucherschutz-Einrichtung gemäß Richtlinie 98/27/EG.

Im Rahmen einer Mitgliedschaft erhalten Sie die ideale Kombination von aktueller Information und spezialisierter anwaltlicher Beratung für Frankreich, Italien und Spanien ohne zusätzliche Gebühren. Der jährliche Mitgliedsbeitrag beträgt 235 Euro.

Kostenlose anwaltliche 5-Minutengespräche: 0761/55012

Lernen Sie unsere anwaltlichen Berater bei kostenlosen 5-Minutengesprächen kennen, jeweils dienstags und donnerstags zwischen 13:45 und 15:15 Uhr. Die DSA ist nur den Mitgliedern verpflichtet, so dass eine unabhängige anwaltliche Beratung und Information gewährleistet ist. Eine Kündigung der Mitgliedschaft ist jeweils zum Jahresende möglich. Unter www.dsa-ev.de finden Sie weitere Informationen.

www.dsa-ev.de: Webinare zum Immobilienkauf in Frankreich

Wir bieten Webinare u. a. zum Thema Immobilienkauf in Frankreich an. Lassen Sie sich unverbindlich vormerken über dsa-ev.de. Sie werden dann unverbindlich vorgemerkt und benachrichtigt, wenn der nächste Termin feststeht.

2. Antrag auf Mitgliedschaft

per Fax: 0761/55013 oder per Post an DSA e. V.,
Zähringerstraße 373, 79108 Freiburg

Name, Vorname: ....

Straße: ....

PLZ, Ort: ....

Antrag auf Mitgliedschaft – Beitrittserklärung zur DSA e. V. – bitte ankreuzen:

O Ja, ich möchte der Deutschen Schutzvereinigung Auslandsimmobilien e. V. beitreten (Jahresbeitrag 235,– bei Beitritt im IV. Quartal gilt der Beitrag auch für das folgende Jahr). Die Kündigung der Mitgliedschaft ist schriftlich mit einer Kündigungsfrist von 3 Monaten jeweils zum Jahresende möglich.

....
Ort, Datum, Unterschrift

Nach erfolgter Anmeldung haben Sie ein vierzehntägiges Rücktrittsrecht und können innerhalb dieser Frist ohne Angabe von Gründen die Mitgliedschaft schriftlich stornieren. Zur Fristwahrung genügt die rechtzeitige Absendung. Das gesetzliche Widerrufsrecht erlischt aber dann vorzeitig, wenn Sie als neues Mitglied vor Ablauf der Frist die Beratung der DSA in Anspruch genommen haben (§ 312d III BGB).

X. Stichwortregister